Travel Classics Library

探險與旅行經典文庫

08

馬可孛羅

A THOUSAND-MILE WALK TO THE GULF

墨西哥灣千哩徒步行

John Muir

約翰・謬爾——著｜王知一——譯

導讀

約翰·謬爾與國家公園

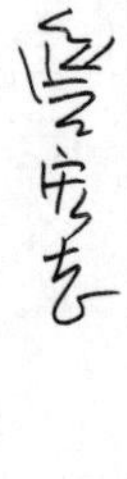

我印象最深刻的「國家公園經驗」，來自於非洲波札那（Botswana）的「摩瑞米獵物保護區」（Moremi Game Reserve）。「摩瑞米保護區」位於世界最大內陸三角洲的奧卡萬戈沼澤地（Okavango Delta），採取低密度開發的嚴格管理，儘管已經是聞名的「薩伐旅」（Safari）觀光勝地，但園內營地均為可回復構造，不准任何永久建物，國家公園內完全是草原的自然生態，草長水深，地廣人稀，禽飛獸奔，旅遊者被要求尊重一草一木、一鳥一獸，不進行任何人為的干預。波札那的觀光發展較晚（比起肯亞、坦尚尼亞諸國），破壞最少，觀念反而比較先進，國家公園的概念深入民心，保護的結果看起來頗有成效。

但我個人印象最深刻的「國家公園管理」，反而是美國阿拉斯加內陸的「丹納里國家公園」（Denali National Park）。波札那的「摩瑞米保護區」嚴格控制旅遊人數，採取高價政策，最後使得親近大自然的薩伐旅變成了「貴族遊戲」，平凡百姓難以問津，雖然是情非得已，從公共教育的機會來看終究是一種遺憾。但美國的國家公園並非如此，阿拉斯加的「丹納里國家公園」雖然管理嚴格，不准私人車輛進入，只能使用園區巴士，卻對大眾開放，而且「人人平等」，價格一律，每個人按照申請先後取得入園資格，不愧是最民主的國家。

這也並不奇怪，「國家公園」（national park）本來就是出自美國的概念，也正是由美國國會立法、授權政府設置了全世界第一座這樣性質的「保留地」，第一座公園就是在一八七二年設置的「黃石國家公家」（Yellowstone National Park）。但這種經國家機器收由公權力管理、盡可能禁止人為開發或介入、只容許有限的教育或休閒使用的「生態保留地」，現在已經是某種「普世價值」，全世界由各個國家自行訂定的國家公園目前已經超過七千座，而具有某種公共管理和限制開發的自然環境地點更是不計其數（譬如，美國法定的國家公園共有五十八座，但「國家公園管理處」管理的地點卻有三百九十七處）。

「國家公園」的概念是從哪裡來、又是誰發明的？從觀念的演進來看，當然有很多前賢貢獻了各種珍惜自然環境的想法和呼籲，行動上的參與者也多如繁星、難以盡述，但只有一個人被美國的「國家公園管理處」（National Park

Service）尊稱為「國家公園之父」（Father of the National Parks），他就是蘇格蘭出生的美國自然學家、環境保護運動者兼自然散文作家約翰．謬爾（John Muir, 1838-1914）。

但這個稱號不無誤導之嫌，事實上謬爾在一八七二年（也就是「黃石國家公園」設立之年）還沒沒無聞，沒有太大影響力，他在一八七一年也才發表了第一篇關於自然考察的文字：〈優勝美地的冰河〉（Yosemite Glaciers），文章中的見解引起注意，但還沒有被接受（他認為優勝美地河谷地形由冰川切割形成，與當時流行的地質見解並不相符）。要說是他促成了國家公園的設置是無從說起的（至少第一座國家公園和他毫無關係），事實上他後來為文討論「黃石國家公園」的時候，就說「這件事世界最該感謝的不是別人，而是海頓博士」（for which the world must thank Professor Hayden above all others）。

文中提到的這位海頓博士，全名是斐迪南．文德魏爾．海頓（Ferdinand Vandeveer Hayden, 1829-1887），海頓是一位地質學家兼軍隊醫師，他曾經主持美國聯邦政府出資的「一八七一年海頓地質考察」（Hayden Geological Survey of 1871），這項研究計畫調查了懷俄明州西北部，確定了今日「黃石公園」地區的地質價值，更進一步說服了美國國會這塊地區自然環境的珍貴性，才有了國家公園的開創性立法，如果要用這個角度來稱海頓博士為「國家公園之父」或者「黃石公園之父」，應該也是沒有問題的。

但遲至一八七一年發表文章並稍後才成名的約翰・謬爾雖然在「黃石國家公園」的成立來不及有所貢獻，卻以他無止境的推廣熱情和不休息的辛勤筆耕，陸續促成後來的「優勝美地河谷國家公園」（Yosemite Valley National Park）以及加州「巨杉國家公園」（Sequoia National Park）等自然保護地，並且大量討論國家公園的理論與實際運作（譬如他反對把國家公園交給州政府保護）。今天我們擁有的國家公園概念以及各種做法，都大量參考、採用了約翰・謬爾的言論與思想，稱他是「諸多國家公園之父」而不是「某一國家公園之父」，又好像一點疑問也沒有。

他的代表性行動是用實際考察與文字呼籲，推動「優勝美地國家公園」的成立。約翰．謬爾是在一八六九年春天第一次來到優勝美地河谷，他徹底探勘了整個地區，也對優勝美地產生莫大興趣；冬天他回到優勝美地，與當地一位屯墾者簽下工作合同，替他建造並管理一座鋸木廠，前提是這座鋸木廠不砍伐任何活著的樹木。他繼續待在優勝美地，工作之餘深入谷地做科學考察，也充當嚮導引領各界名人探訪優勝美地，這些造訪的名人包括了當時美國著名詩人、散文家艾默生（Ralph Emerson, 1803-1882）在內，那已經是一八七一年的事，也是他發表論文〈優勝美地的冰河〉嶄露頭角的一年，那時候，他已經辭去鋸木廠的工作，全心全意做一位探勘者了。

一八七二年開始，謬爾展現旺盛的創作力，大量的文章陸續出籠（他經常利用冬天寫文章，有時候可以同時進行十五篇文章，天氣轉好則進行旅行與考察），幾篇著名的文章如〈氾濫期的優勝美地河谷〉（Yosemite Valley in Flood）、〈加利福尼亞的活冰河〉（Living Glaciers of California）等都是這一年發表的。

他的勤奮寫作和觀察見解受到重視，一八七三年起，他就成為《大地月刊雜誌》（The Overland Monthly）的固定作家了。

約翰・謬爾一面在山林田野做研究寫文章，一面注意到這些自然環境的脆弱難以維護，他對於應該動用政府力量保護自然的想法也逐漸成形。一八七六年，他發表了〈上帝最初的殿堂：我們該如何保存我們的森林〉（God's First Temples: How Shall We Preserve Our Forests），文中指出，森林是最容易受到破壞的自然資源，那是相對於礦藏與土壤說的；礦藏常有岩層保護，土壤則堅實耐操（謬爾說，即使是最野蠻的耕種方式也不會完全毀壞土壤，破壞過的土壤經過一段時間休養，也總會恢復地力；謬爾顯然沒有預見基因改造、化學毒物或輻射線對土壤幾近永久性的破壞）。但森林對氣候、對水土保持又是如此重要，謬爾認為，除非立法介入，否則森林消逝的速度將會非常驚人……。

事實上，在約翰・謬爾的時代，美國中西部的大部分地區都還是原始森林的景觀。在他為數眾多的旅行遊記與自然紀錄裡，美國許多地方尚未遭到大規模的破壞，都還保持一派自然的風貌，他筆下的濃密蔭深的肯塔基橡樹林、生機盎然的佛羅里達沼澤地、蔚為奇觀的內華達州與加州的巨杉（Giant Sequoia，紅木的一種）森林，更不用說地形獨特的優勝美地河谷或荒野一片的阿拉斯加，無一不是如詩如畫的天然美景，與現代文明俱來的巨大地景、地貌改變，在當時並不是那麼明顯（至少我在他的書中看起來是如此）。

但約翰．謬爾卻已經敏感地察覺到巨變即將來臨，他在〈上帝最初的殿堂：我們該如何保存我們的森林〉一文中大聲呼籲，沒有節制的伐木與畜牧者放火闢林為牧地的行為，已經開始迅速消滅大片的森林和部分珍貴的樹種，儘管身處在到處是原始自然的環境裡，他已經預見人類社會的擴張終究會導致森林與其他生態環境的災難，他用很像二十世紀環境保護者的警告口吻說：「森林最大的敵人是斧頭與縱火……」他主張用立法的公權力手段來保護森林，他說：「假如我們的立法者能發現並展開某些手段，使森林的破壞減輕，哪怕只是一點點，在我們每一位愛樹人的眼中，都足以彌補他們其他的巨大罪慾……。」

回頭看去，約翰·謬爾是早了一百五十年的「先見者」。今天環境保護已經是各國政府與人民的共同價值與不得不遵行的道德命令，他所說的話一點也不奇怪，但我們畢竟是他的思想的「受益者」，我們相信的事其實是他說話的結果，他的先見之明必須得放到他的時代去理解。

約翰·謬爾生於蘇格蘭，十一歲舉家遷往美國威斯康辛州，從小愛讀書並熱愛自然；他曾自述童年說：「我被放置在純粹的曠野之中，那兒每一件事物都引起我的驚奇與讚嘆。」他覺得讀書時間不夠，徵得父親的同意得以「早起」，他就每天清晨一點起床，讀書直到天明；他能背誦「全部的新約聖經和絕大部分的舊約」，這樣的勤學可能為他後來的寫作生涯奠下了極好的基礎。

謬爾年輕時期已經陸陸續續做了多次的旅行和自然探險，但在一八六七年他二十九歲時，他決定休假一段時間（原來的計畫是三年），從事一次較大規模的探險旅行，他希望這次旅行足以啟發他後來的生活，他計畫乘坐火車與走路，穿越肯塔基與田納西的森林，一路下行到喬治亞，再南下佛羅里達，最後他可以前往南美洲去採集植物標本。

這趟旅行最後與計畫不盡相同，周折重重，但它的「啟發性」卻是一如原來的期待。他當時隨身攜帶了新約聖經、米爾頓（John Milton, 1608-1674）的《失樂園》（*Paradise Lost*, 1667）以及一卷柏恩斯（Robert Burns, 1759-1796）的詩集，走了超過一千哩路，一路上他寫日記，當時他還沒有文名，可能並沒有想到出版，但日記在他死後出版，書名叫做《墨西哥灣千哩徒步行》（*A Thousand-Mile Walk to the Gulf*, 1916），成為他的代表性作品之一。

我說過約翰．謬爾對世界最大的貢獻是他關於自然保護的思想與行動，但在這本他才二十九歲的著作裡，我們已經看見他後來生涯的主要特色。譬如說他從事自然探險的「簡單方法」，他描述自己的計畫時就說：「我的計畫很簡單，就是選擇我能找出的最荒野、森林最茂密又最省腳力的路線向南行，以能經歷最大範圍的原始森林為目標⋯⋯。」

這幾乎就是謬爾的「旅行方法」，他並不以探險或達成什麼標竿為目標，他的方法是「融入」，或者用今天的話說，是「慢遊」。沒有特定的時程，只有一個方向和大概的目標，然後就讓環境帶著他走。他當然需要計畫與準備，有時候他也需要補給和嚮導（不過那都是後來的事），但他的探險方式主要是針對自然與地質的觀察與享受，不是那種穿透型、破壞型的探險者；他主要的觀察對象是自然，特別是植物和地質，他對文明與文化沒有興趣，他對路上偶爾會碰見的屯墾者或印第安人並沒有特別關注，他注意到印第安人文化以及他們與自然相處方式，那已經是他晚年的事了。

他對自然界的關心是「無條件的」，他認為動物、植物的「生存權」是上天賦予的權利，萬物並不是上帝給人類的「恩惠」。他對歐洲白人把萬物視為上帝給予人類的恩惠極為反感，他說：「我們被告知世界是專為人類而造的——這是沒有事實根據的假設。……如此來看造物主，當然就會對祂所創造的萬物有錯誤的看法。舉個例子來說，對這類被塑造過的人類，羊是個很簡單的問題——牠是為我們的衣和食而生，由於在伊甸園中偷食了禁果，導致人們對羊毛的需求，而羊吃草和白雛菊全是為了這注定的神聖使命。」

年輕的謬爾愈說愈義憤填膺：「但是，如果我們問問這些自以為是的上帝旨意解說者，那些把活生生的人吃得滋滋作響的猛獸——像獅子、老虎、鱷魚又怎麼說呢？還有無數咬人肉、食人血的有毒蟲蟻又如何呢？無疑的，人是為這些東西飲食而生的嗎？」

約翰．謬爾自己有一個「齊物論」，他說：「如此說來，這些有遠見的教師們難道沒有察覺，造物主創造動植物的目的難道不是要使萬物都愉快地存在，而不是創造萬物以取悅一物？為什麼人要把自己看得比萬物中的一小部分更有價值？上帝努力創造的東西中，有哪一樣不是宇宙整體中重要的一環？」

正是因為這樣的觀念，約翰．謬爾主張：「即使是缺少我們肉眼看不見或知識尚無法參透的微生物，宇宙也同樣不完整。」

我們很難想像這麼激進的自然主張出自於十九世紀一位二十九歲的年輕人

之手或之口。但今天重讀《墨西哥灣千哩徒步行》，你的確活生生看到這樣的思想正在萌芽，正在把人類從「萬物之靈」角色回歸到「共生萬物的一環」，回到謙遜謙卑，回到珍惜一草一木，不惜動用至高的國家機器組織力量，「強迫地」為其他動植物保留一塊自然之地。法律與政府，雖是人造之物，此刻也不只務人之事，它也有「生物權」要維護。

如今，我們進入「國家公園」時，動物並不關在籠子裡，「觀看者」（也就是人類）才謙遜地「關在盒子裡」，生命萬物有權自然生長，人類不得干涉。這個新來的「普世價值」的體會，是今日重讀約翰・謬爾的意義。

目次

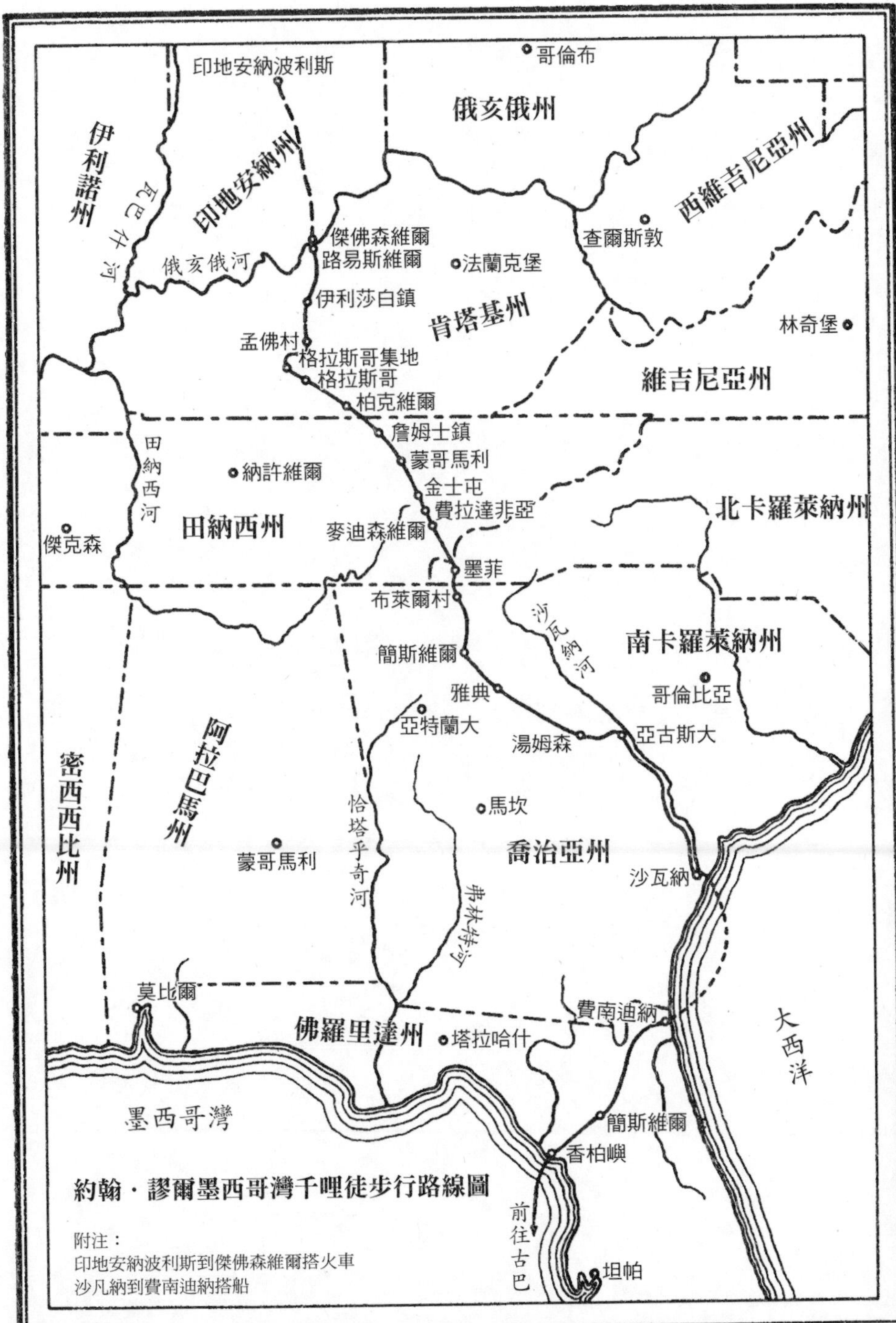

約翰·謬爾墨西哥灣千哩徒步行路線圖

附注：
印地安納波利斯到傑佛森維爾搭火車
沙凡納到費南迪納搭船

第一章

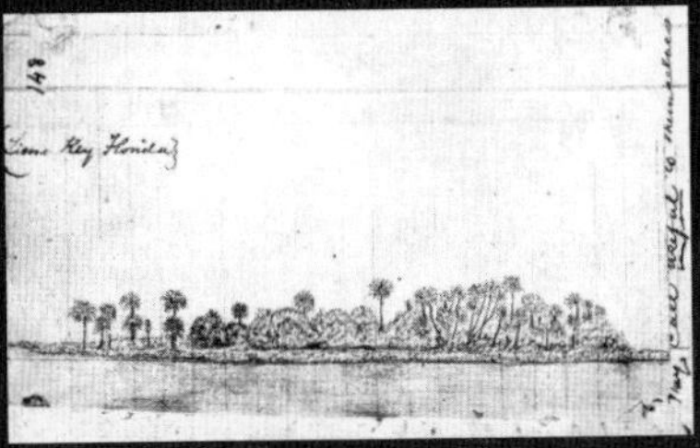

肯塔基州的森林與洞穴

我已經觀察了由北方諸州到溫暖南方的野林與花園有好長一段時間了，終於，在克服所有困難之後，於一八六七年九月的第一天，我擺脫了所有束縛，懷抱愉悅心情，由印地安納波利斯（Indianapolis）展開了徒步千哩至墨西哥灣的旅程。（由起點到俄亥俄河畔的傑佛森維爾〔Jeffersonville〕這段路是坐火車的。）九月二日在路易斯維爾（Louisville）渡過俄亥俄河時，我沒有開口與任何人交談，完全靠指南針穿過這座大城。出城後，我找了一條南行道路繼續前行，在經過一些散落的郊區小木屋與村落後，進入了一座綠林，在這兒，我打開隨身地圖，粗略規劃了接下來的旅程。

我的計畫很簡單，就是選擇我能找出的最荒野、森林最茂密又最省腳力的路線向南行，以能經歷最大範圍原始森林為目標。疊起地圖，我揹起了小背包和植物壓平器，在老肯塔基橡木林中大步跨上旅程。眼前松樹、棕櫚樹及熱帶花朵雜沓叢生，這片壯麗美景令我歡愉，不過，縱然大橡樹伸長了歡迎的臂膀，終究摻了點孤獨的陰影。

肯塔基橡木——錫奧多・艾特（Theodore Eitel, 1868-1955）攝

我見過許多種橡樹，分別生長在不同環境與土壤中，但是肯塔基橡木的巨大卻是我前所未見的。它們的鮮綠色樹冠寬闊又茂密，伸長的枝幹與繁茂的樹葉搭蓋起一條條林蔭大道，而且每一棵樹似乎都被賜予加倍的狂歡生命力。這段路大半走在河谷，走了二十哩路之後，我在一間東倒西歪的小旅店找到了宿處。

九月三日。由滿布灰塵又骯髒的閣樓小臥房逃到壯盛的樹林中。這附近所有我喝過的溪水與井水都有鹹味。鹽河（Salt River）幾乎已乾涸。這一上午我大部分走在光禿的石灰岩地上。穿過由河岸延伸出的二十五至三十哩平地後，我來到了一片名為肯塔基圓丘（Kentucky Knobs）的丘陵地。那是一些光禿的小丘，只有頂端長了些樹。有些上面有幾株松樹。有幾小時我沿著農夫走出來的小徑前行，但是漸漸就走離了小徑，碰到一叢叢糾纏不清的藤蔓，很難穿越。

中午時分，我從一堆巨大的向日葵叢中穿出，發現置身於河岸邊，河床裡岩石滿布，水量大，水流湍急（滾石河〔Rolling Fork〕）。在這荒野深郊，我估計不會有橋，於是立刻涉水渡河。就在這時，一個黑女人在對岸急急叫我等著，她去叫「男人」牽馬來給我。她說這河又深又急，如果我逕行涉水橫渡，可能會「被吞溺的」。我回答她，我的背袋及植物壓平器會幫我平衡，而且水看起來也不深，就算我被水捲走，我也是個游泳好手，而在這太陽下衣服很快會乾的。但是這個謹慎的老婦人說沒有人曾徒步涉水渡過這條河，她去叫人牽馬來，一點都不麻煩。

幾分鐘後，渡河的馬穿過藤蔓與蘆草出現，小心翼翼地走下河岸。牠高長的腿證明天生就是匹渡馬。牠是匹白馬，這當兒跨騎在牠身上、膚色黑抹抹的小男孩，像極了馬背上的一隻小蟲。在多次停停走走之後，馬終於安全涉過水來，我隨即上了馬背，坐在小黑人的後面。他是個長相古怪的東西，像個胖嘟嘟的黑膚色印度娃娃，頭髮一塊塊編結得像麥利諾羊身上的毛。那老馬，背上負荷著過重的一白一黑兩個包袱，左搖右擺地蹣跚邁出牠的長腿，似乎隨時會摔倒。總算沒有變成落湯雞，我們安全抵達陡峭不平的對岸，置身在藤蔓與蘆草間。其實，一場鹽水浴似乎對我們沒什麼壞處。我可以游泳，那個小非洲人看起來會像個氣囊浮在水面。

我去了那個馬主的田莊，他說我在那裡可以找到「能忍受的」飲水。但是，就像我嚐過的這帶所有的水一樣，它帶有令人無法領教的鹹味。這座老舊的肯塔基家園裡，每樣東西都帶有碩大、豐盛又不經修飾的特色。房子是真正的南方式，寬敞通風，橫向主廳就像火車鐵軌穿過的山洞，屋頂上伸出幾根厚重粗大的煙囪。這黑人的房舍及其他的建築，數量加起來足可算作一座村落，而所有這一切，剛好成為一個純正老肯塔基家園令人感興趣的代表。它被花圃、玉米田及綠色的樹林小丘包圍著。

經過一群砍伐巨橡樹要到市場販售的樵夫。水果很豐富。整個下午看到的都是開滿花朵的美麗山丘。由伊利莎白鎮（Elizabethtown）往東南走直到筋疲力竭，便躺入瞎猜的樹叢中。

九月四日。當我由作為居處的榛樹叢中被鳥鳴聲鬧醒時，太陽已把山丘頂鍍上了一層金。鳥兒們在我頭邊興奮的跳躍低飛，似乎在輕責低叱，一些不知名的美麗植物正對著我的臉俯視。第一次躺在床上發現植物！雖然是昨晚瞎摸來的，但這真是個絕佳的營地，我逗留其中，享受樹木、柔光及大自然的音樂。

在森林裡走了十哩。碰到一種葉子像柳葉的新奇橡樹。走進一長塊被稱為「不毛之地」的黑橡林沙地，那裡有許多六、七十呎高的橡樹，聽說四十年前的大火被撲滅後，它們就不斷生長。這裡的農夫高大健壯又快樂，他們喜歡槍和馬，和他們友善閒聊，讓我挺開心。天黑後，抵達一座破落村莊，一個非常喜歡助人的黑人帶我到「客棧」，還說「一點都不麻煩」。

九月五日。今晨我頭頂不再有鳥兒、花兒或友善的樹木了；只有布滿灰塵和垃圾的骯髒小閣樓。逃入樹林，來到洞穴區。在第一個洞穴的入口，我驚奇地發現一些屬於威斯康辛州或北方蔭涼角落的蕨類，後來觀察得知，每一個洞穴口都有自成一格的氣候帶，而且都十分涼爽。這個洞穴入口直徑大約有十呎，深約二十五呎。一股強烈的冷風由裡面吹出，我還聽得到流水聲。一根長桿靠在洞壁，似乎是用來當梯子，不過有的地方又像船隻桅杆般滑得不得了，好像是在測驗猴子攀爬的本領。這個天然儲水槽的岩壁和穴口周圍都有精緻的雕刻，還長滿了花草。穴頂上的灌木都有能遮蔭的大葉子，洞壁斜坡及凹溝則填滿了一排排或一片片美麗的野蕨或苔蘚。我在那裡愉快逗留了許久，一邊將標本壓平，一邊將這美景印入腦海。

正午時分抵達孟佛村（Munfordville），很快就被孟佛先生發現並加以盤問，他是位拓荒者，也是該村創建人。孟佛先生像個土地勘測員，他掌管所有村辦事處，每一個找路或找土地的人都會來請教他。他把所有村人都看成是自己的孩子，所有進入孟佛村的陌生人則一律成了他的訪客。當然，他查問了我的職業、目的地等等，然後邀請我到他家作客。

請我用了些「小鮭魚」提神後，他頗為自得地在桌子上放滿了石頭、植物等東西，這些新舊不一的東西都是他外出探尋時收集來的，照理都有科學價值。他對我說，所有科學人士都會來請教他，因此，既然我研究植物學，他一定有或應該有我要找的知識。於是，他針對治療每一種致命疾病的草藥，為我上了冗長的一課。我對這位施恩者的仁慈道了謝後，趕忙逃到野外去，沿著繞行一座大山丘基部的鐵道前行。待夜幕降臨，我能找到的居所似乎都不歡迎我，我也鼓不起勇氣去要求他們之中任何人收留我。在山坡上巨大橡木下的一所學校找到棲身所，睡在一些看起來最柔軟的長椅上。

九月六日。早晨第一聲鳥鳴傳來就動身，希望在傍晚前抵達大曼墨洞穴（Mammoth Cave）。趕上一個拉牛車的老黑人。搭他車與他一起走了幾哩，跟他聊到一些有關戰爭、樹林中的野果子等有趣的話題。「就在這，」他說，「南方叛徒正在搗毀留下的足跡，突然，他們以為北佬從那邊的山上來了，啊，老天，他們沒命地跑。」我問他是否願意悲慘的戰爭再次發生，他那溫順的臉突然平靜下來，以非常嚴肅認真的語調說道：「啊，老天，不再要有戰爭，老天，不。」[1] 肯塔基的許多黑人都十分機靈又有見識，一旦聊到他們感興趣的話題，往往毫無顧忌地滔滔不絕。

抵達離大曼墨洞穴約十哩的馬穴（Horse Cave）。洞口前是一道綿延數百碼的長緩斜坡。這裡似乎是天然泉水的源頭，也是進入黑色礦藏王國的莊嚴大門。這個洞穴位在一個（同名的）村落中，它供給村落豐富的冷泉水，以及蓋滿野蕨的洞口吹出的清涼空氣。天熱的時候，守衛洞口的大樹下會坐滿了人群。這個大風扇能夠立刻吹涼整個村落的人。

住在高山附近的人得花個一、兩天才能爬到空氣清涼的地方，可是這些肯塔基人若被熱得頭昏眼花，幾乎在州內任何峽谷都能找到一塊清涼之地。陪伴我的村人說，馬穴至少有幾哩深，從沒有人完全探索過。他告訴我，他從沒去過曼墨洞穴。他說，不值得走十哩路去看那洞穴，那只不過是地上的一個洞，我發現他不是少數說這話的人。他是個手腳俐落、實際又太聰明的人，像野草、山洞、化石之類不能吃的東西，都不值得他浪費寶貴的時間。

到達大曼墨洞穴。我驚奇地發現它是如此原始。附近有一個有精緻步道與花園的大旅館。不過，很幸運，山洞沒有被修飾過，如果不是因為一條走下山谷通往洞口的小徑，你不會知道有人探訪過它。就像有些大房子或建築物的入口毫不起眼，讓人絲毫無法想像主結構的恢弘，這個肯塔基礦藏王國的入口相較下也相當小而不顯著。一個人可能由距它幾碼遠的地方經過而沒注意它。一股冷風不斷由洞內湧出，為妝飾於洞端岩壁上的蕨類創造出類似北方的氣候。

我從不曾見過如此強烈的對比，這是大自然的莊嚴美景對比不值一顧的人工花園。那座現代化的旅館完全是俗麗人工的味道，許多被修剪成畸形的漂亮植物排列在令人厭惡的幾何圖形花床中。這整個失敗的人工景致與上帝神聖莊

曼墨洞穴的入口——路易斯維爾暨納許維爾鐵道局提供

嚴的美景並列著。洞口的樹木都光滑高大，底部前彎，然後筆直向上生長。只有一株枝幹扭曲、樹皮滿是疤痕的白胡桃，以及一些長得很好的水蕨（*Cystopteris*）與立灰蘚（*Hypnum*），似乎憐惜並屬於這個洞穴。

出發至格拉斯哥集地（Glasgow Junction）。在山坡的樹林中耽擱了些時間。向一戶農家問路，主人以少見的熱誠招待我留宿。我們暢談了一些有關政治、戰爭及神學等熟悉的話題。這位老肯塔基人似乎很喜歡我，邀我在這帶山丘停留到明年春天，還保證我會在大曼墨洞穴附近找到許多感興趣的東西；另外，由於他是學校的負責人之一，他也肯定我可以加入他們學校的冬季班。我誠心感謝了他為我所做的仁慈計畫，仍決定維持既定打算。

九月七日。我帶著這些肯塔基人的真誠祝福，穿過茂密的綠色森林，再繼續南行。整天都身處廣大的森林中。第一次見到槲寄生。有一部分時間，我跟一個住在柏克維爾（Burkesville）附近的肯塔基人同行。他對所有碰到的黑人都友善地打招呼，稱他們為「伯伯」或「阿姨」。所有在這條路上碰到的旅者，不論是黑是白，或男或女，都騎著馬。格拉斯哥是少數幾個仍過著尋常美國生活的南方城鎮。當夜借宿在一戶富裕的農家中。

九月八日。山坡頂端浮著一片深沉濃綠的浪海。玉米、棉花及菸草田散落各處。我曾經幻想開滿了花的棉花田該是一幅美麗壯觀的景象；但事實上，棉花是一種粗糙蔓生的植物，一點也不賞心悅目，還沒有愛爾蘭的馬鈴薯田一半好看。

碰到許多正要去參加集會的黑人，全都穿著他們最漂亮的星期天外出服。他們個個身材肥胖，但看起來快樂又滿足。接近坎伯蘭河（Cumberland River），景象變得更遼闊。柏克維爾是個美麗的所在，被壯觀的青蔥小山丘包圍著。坎伯蘭河必定是條快樂的小溪。我想我可以一輩子在這幅美景中遊歷。

這晚，我找不到肯讓我寄宿的地方，於是選了塊山坡地躺下，入夢的同時，嘴中還喃喃不停的讚嘆肯塔基多層次的美景。

九月九日。在鍾愛的花與鳥之鄉又過了一天。許多急湍在茂密的森林中奔流，河岸鑲嵌著美麗的花朵。托著藍天的一溜大山坡像幅圖畫，我坐於其上。無邊無際的起伏綠林中點綴著一抹抹秋黃，周遭的空氣中也散逸著秋的色彩與聲響。柔和的晨光灑落在粗壯成熟的橡樹、榆樹、核桃與山胡桃樹林上，大自然是如許富有思想又沉靜。肯塔基是我看過最綠、樹葉最茂密的一州。這裡的溫帶植物所形成的柔綠色大海，最為廣闊無垠。

把楔子比作不同地區的綠色植物量尺，厚而寬的一端就是肯塔基的森林，另一端則是北方的青苔與地衣。這個綠色楔子的邊緣並不是筆直的。由肯塔基開始，它既厚又寬，一直持續到越過印地安納州和加拿大的森林。到了加拿大的楓樹與松樹林，它就快速傾斜，變成只點綴低矮樺木與赤楊的荒涼北極小山丘；然後又漸漸削薄成邊角，上面只剩耐寒的地衣、地錢、苔蘚，最後到終年積雪的地帶。所有肯塔基植物中，以高貴的橡樹最為雄偉。在繁茂的肯塔基森林中，它們為數最多。這裡是伊甸園，橡樹的天堂。傍晚時分，越過肯塔基州界，在一戶簡省的田納西農家門前，聽主人用盡平常謹慎人家不招待客人的各種理由後，要到了食宿。

九月十日。由一堆不熱中的仁慈中逃到慷慨的樹林裡。在爬滿糾纏不清藤蔓的平地上走了數哩，我開始爬上坎伯蘭山脈，這是第一座我眼睛看見、雙腳踏上的真正的山。上山小徑是接近規律的之字形斜坡，大部分覆蓋著高大的橡樹，形成林蔭通道。但其中有些開口，可以看見美麗又壯觀的肯塔基森林，它一直延伸穿過山丘與谷地，由大自然的手將它恰恰好熨貼在每道斜坡或轉彎處。這是我這輩子所曾看見最壯麗又最無所不包的圖畫。花了大約六、七小時到達山頂。對一個習慣於威斯康辛及其鄰近各州小山丘的人來說，這段登山旅程是個陌生又漫長的經歷。

【注釋】

1 指發生在一八六一年到一八六五年的美國南北戰爭。

第二章

穿越坎伯蘭山脈

我才爬了一小段路，就被一個騎著馬的年輕人趕上，我很快發現，如果我值得他動手的話，他是準備打劫我。在問了我從哪兒來、到哪兒去之後，他表示願意幫我載背包。我告訴他背包很輕，我一點都不覺得是負擔；但他堅持，並一直巧言哄騙到我答應讓他拿去。一旦東西到手，我注意到他開始增加速度，明顯是想走遠到我看不見的地方，好翻搜我的背包。但我可是健行及跑步能手，他甩不掉我。跟著他的馬走了大約半小時後，在一個轉彎處，他以為走出我視線外，就快速翻搜我的袋子。等到發現裡面只有一把梳子、一支刷子、一條毛巾、一塊肥皂、一套換洗的內衣褲、一本柏恩斯[1]的詩集、一本米爾頓的《失樂園》[2]，以及一小本新約，他就等我上前，把背包交還給我，說忘了東西，就騎馬回頭下山去了。

我發現了阿里甘利山脈[3]著名的草本歐石南（*Ericaceae*），葉子油亮發光，美麗又茂盛。還有一些蕨類，最大最茂盛的莫如桂皮紫萁（*Osmunda cinnamomea*）。王紫萁（*Osmunda regalis*）在這裡也很普遍，但並不大。根據伍德[4]及葛瑞[5]兩人所寫的植物學所言，桂皮紫萁要比絨紫萁（*Osmunda Claytoniana*）大得多。我發現在田納西州及南方是這樣，但在印地安納州、一部分的伊利諾州以及威斯康辛州卻正好相反。在這裡找到美麗的含羞草。它有長而帶刺如豆類般的藤莖，頂端開著密集的黃色小香花。

路邊的藤莖常遭到踏碰而低頭，這僅僅是表示它們是有感覺的。敏感的人們也是一樣。但是，路邊的藤莖很快變得沒那麼敏感了，就像人們習慣了別人的嘲弄——在這種情形下，「自然」以安排人的同樣仁慈方式安排了植物。於是，我發現，在一條通往林後學校小徑邊的含羞草的藤莖，就沒有臨近不常去的樹林中的含羞草敏感，它們已學會不那麼注意頑皮學生的碰觸。

看著那羽狀葉片快速由根部到十、二十呎長的藤莖末端，一片接一片抬起頭來再垂下頭去，實在令人感嘆。對植物的生命——它們的希望與恐懼、痛苦與歡樂，我們所知是多麼少啊！

與一個田納西老農同行了幾哩，他對才聽到的消息十分激動。「英格蘭、蘇格蘭及俄羅斯三個帝國已經對美國宣戰。啊，太可怕了，太可怕了！」他說。「這個大戰爭來得太快了，我們自己的大戰才結束。唉，躲不掉啊，我只能說美國萬歲，不過我寧可他們別打，我會感覺好得多。」

「但是，你確定消息是正確的嗎？」我問。「哦，是的，十分正確，」他回答道，「我跟一些鄰居昨晚去了鎮上的商店，吉姆·史密斯認得字，他從報上看到所有的消息。」

穿過貧窮、破爛、死寂的詹姆士鎮（Jamestown），那真是個淒涼的村落。人們警告我這廣闊高地的四、五十哩範圍內都十分荒涼，於是我提早開始找今晚的宿處。大約日落前兩小時，快到坎伯蘭高地頂端時，我來到一間木屋前。敲門後，一位媽媽樣的老女人前來應門，我提出關於晚餐、住宿及明天早餐的請求，她說只要我有零錢付必要的費用，她很願意提供她最好的東西。當我告訴她，我最小的票子是五塊錢時，她說：「那很抱歉，我無法收留你。不久前，十個士兵從北卡羅萊納州來，經過這裡，第二天早上，他們要給我一張我找不開零錢的票子，於是我一毛錢也沒拿到，我太窮了，負擔不起這樣的情形。」「那好，」我說，「我很高興你先講清楚，我寧可挨餓也不願意強迫你招待我。」

她顯然很同情我疲倦的樣子，我向她道別後轉身準備離開，她就把我叫回來，問我要不要喝杯牛奶。我很高興地接受了這個施捨，因為這一、兩天內我很可能都找不到東西吃。然後我問她，除了到四、五十哩外的北卡羅萊納州外，這條路上有沒有其他住家。「有，」她說，「下一棟房子離這兒只有兩哩，但再過去就沒有了，除了幾間空屋，它們的主人有些在戰爭中被殺死了，有些為了躲避戰爭逃走了。」

到達最後一間屋子，來應門的是個清爽、和顏悅色的嬌小女人，在我提出住宿和食物等請求後，她說：「哦，沒問題，我想你可以留下來。請進，我叫我丈夫出來。」「但我必須先說明，」我說，「我最小的票子是五塊錢，我不願意你們認為我強迫你們招待我。」

她隨後喊來了丈夫，他是個在自家鐵鋪工作的鐵匠。他手裡拿著鐵鎚走了出來，赤膊，汗流浹背，骯髒，胸前長滿了亂糟糟的黑毛。他妻子詢問是否能讓這年輕人留宿，他很快回答道：「行啊，叫他進屋來。」他正轉身要回到鋪子去，他妻子又加上一句：「不過他說他沒有零錢付，他最小的票子是五塊錢的。」他只猶疑了一下子，轉身邊走邊說：「叫他進屋來，任何人肯先講清楚，都可以吃我的麵包。」

等他辛苦工作了一天，終於進屋坐下來吃晚餐後，面對著桌上簡單的玉米麵包和鹹肉，他仍慎重禱告感謝天主。然後，他看著坐在對面的我說道：「年輕人，你來這裡幹什麼？」我回答我是來找植物的。「植物？什麼樣的植物？」我說：「哦，各種植物；青草、野草、花、樹、青苔、蕨類——幾乎所有地上長出來的東西我都感興趣。」

「嗨，年輕人，」他問道，「你的意思是說，你並非受雇於政府進行某些機密工作？」「不，」我說，「我除了自己，不受雇於任何人。我喜愛各種植物，我是到南方各州來盡可能多認識些植物的。」

「你看起來頗有志氣，」他回答道，「比起到鄉下來閒逛、看野花野草，你一定能做些更有意義的事。現在時機不好，每個人都必須去做能力所及的真正工作。不管在什麼時候，採花摘草都不能算是一個人的工作。」

我如此回答他：「你相信聖經，是吧？」「噢，當然。」「那你知道所羅門王是個很有志氣的人，他也是大家看過最聰明的人，但是，他也認為值得去研究植物；我不只是去採它們，也研究它們。你一定聽說他寫過一本有關植物的書，書裡不是只講到黎巴嫩的香杉，也談到石壁縫裡長出來的小花小草。」[6]「因此，你看，在這件事上，所羅門王與你的差異比與我的差異要大。我可以向你保證，他一定在猶大地區的山脈中探尋過許多次；要是他是美國人，他也一定會查探這塊土地上的每一根野草。還有，你難道不記得耶穌對祂的門徒說過『想想看百合花是怎麼長的』，祂還拿百合花的美比喻做所羅門王的光輝呢？好了，我是該聽你的勸告，還是聽耶穌的勸告？耶穌說：『想想百合花。』你說：『別去想它。那不值得有志氣的人去想。』」

這個說法顯然使他滿意，他承認他從來沒有用這種角度來看花朵。他一再重複說我必定是個很有志氣的人，而且承認我採花是完全合道理的。然後他告訴我，戰爭雖然已經結束，但徒步穿越坎伯蘭山依舊十分危險，因為仍有一小股一小股游擊隊藏身在道路的兩旁。他急切勸我回頭，在這個國家恢復平靜秩序以前，不要考慮徒步到墨西哥灣那麼遠的地方。

我回答說我不怕，我沒有什麼值錢的東西，沒有人會認為值得打劫我；而且，不管怎麼樣，我運氣總是不錯。第二天早晨他又警告我，勸我回頭，但一點也打動不了我徒步旅行的偉大決心。

九月十一日。一長段平坦的沙石高地，只有些許犛溝般的淺谷與小丘。樹木大部分是橡樹，就像在威斯康辛州的樹林一樣，四處散落生長。不少松樹穿插在樹林中，有四十至八十呎高，另外，大部分地面都長著美麗的花朵。瓜子金、一枝黃花及紫菀特別茂盛。每半哩左右，我就會碰到一條清涼明澈的小溪，岸邊長著王紫萁、桂皮紫萁及漂亮的莎草。幾條大一點的溪流則有月桂與杜鵑鑲邊。樹下大部分地方都長著堅韌的菝葜及懸鉤子，它們長有尖刺，人幾乎無法通過。房舍散落，而且無人居住，花圃及圍欄也都倒塌了——悲涼的戰爭遺跡。

大約中午時分，我的路開始變得不清楚了，最後消失在荒涼的原野。飢餓加迷路，我雖知道方向，但荊棘使我難以通行。我走的路面長滿了花，但同樣多刺，讓人寸步難行。想強行通過這些帶刺的植物，不只衣服會被刺穿，而且扎得很緊。鋸齒形彎曲的樹枝像殘酷的活動手臂，由你頭頂上伸下來，你越掙扎，它纏得越緊，而你的傷口也越多越深。南方不只有捕蠅草，更有捕人植物。

在一番狠命的掙扎搏鬥之後，我終於逃到一條路上，看到一間房子，但是沒能要到食物與住處。接近日落時，我正在一條頗平直的路上疾走，突然看到十個並肩騎行的人。毫無疑問，在我看見他們之前，他們早看見了我，因為這會兒他們已經停下馬來注視我。我立刻看出想躲開他們根本毫無可能，因為那邊的路很開闊。我知道我只能勇敢面對他們，不能顯露出些許疑慮。因此，我毫不停頓地快速大步向前，似乎意圖從他們中間穿越。當我來到距他們一竿之遙，我抬起頭朝他們帶笑地打招呼，說了聲「好啊」。我毫不停頓地靠邊繞過他們，再繼續往前走，沒有回頭看，也沒有顯出絲毫怕他們搶劫的樣子。

往前走了一百至一百五十碼後，我在不停腳的狀態下冒險回頭瞥了他們一眼，看到所有十個人都把馬頭調轉對著我，而且顯然正在談論我；可能在猜我在做什麼，目的地是哪裡，是否值得他們動手打劫。他們的頭髮都長及肩膀，胯下的馬也都骨瘦如柴，很顯然是一群兇悍的散兵，長期進行搶劫掠奪，阻擾和平到來。然而，他們並沒有跟蹤我，可能是我的植物壓平器中露出的植物，使他們認為我是個貧窮的草藥郎中。在這一帶山區，這個職業很普遍。

天快暗時，在離路稍遠的地方，我發現一間黑人住著的屋子，終於在那裡要到了亟需的食物，有四季豆、牛奶及玉米麵包。我坐在桌邊一張沒有底的椅子上，腿瘦後，就越來越往下陷，只好把膝蓋抵著胸部，設法把嘴放到盤邊。不過，一旦餓到極點，這種事根本是小事一樁，這個擠縮的姿態使我不至於顯出窮凶惡極的吃相。當然，當晚，我不得不以大地為床、與大樹為伴，露天睡上一宿。

九月十二日。醒來發現全身被山露浸透了，在炙熱的陽光把它們趕跑之前，這裡是山露的秀場。經過坎伯蘭山脈東坡頂端的蒙哥馬利（Montgomery），那是個破落的村莊。在一戶乾淨的人家要到了早餐，吃完後開始下山。景色極佳，視野遼闊，遠處是層層的山脊與支脈。涉過一條寬闊清涼的溪流（愛默若河〔Emory River〕），它是克林其河（Clinch River）的支流。我生平第一次看到山澗，發現自然界再沒有比山澗更動人的東西了。它的兩岸長滿了稀有的可愛花朵和枝幹延伸彎曲的大樹，使這裡成了大自然最奇妙、最令人愉悅的處

田納西州克林其河——路易斯維爾暨納許維爾鐵道局提供

所。每一棵樹，每一朵花，這可愛的溪流中的每一個漣漪及漩渦，似乎都讓你感到偉大造物主的存在。在這美景中逗留良久，全心感謝上帝的仁慈，讓我來到這裡享受這一切。

發現了兩種南方常見的蕨類：蚌殼蕨科（*Dicksonia*）及一種長在樹上小而糾結的水龍骨科（*polypod*）蕨類植物。還有一種玉蘭，葉子很大，有猩紅色圓錐型果實。在這溪流的附近，在長滿青苔的巨石、花兒和鳥兒之間，我享受了愉快的時光。我從沒到過如此的仙境。山邊狹長的谷地中，水土肥沃，長滿了橡樹、玉蘭、月桂、杜鵑、紫菀、蕨類、苔蘚、葉苔（*Madotheca*）等等。還有一堆堆高聳美麗的鐵杉。加拿大常見的鐵杉，我覺得是針葉樹中最不高貴的一種。但長在坎伯蘭山脈東坡的鐵杉，形態完美，就像松樹那樣，姿態有如帝王，而且茂盛許多。往下走到坎伯蘭山脈與坐落在州界的尤納卡山脈（Unaka Mountains）間的谷地時，我找到一個缺口，得以一覽美景。涉過美麗清澈的克林其河（此河經過許多沒有聽過潺潺流水聲的可愛山窪），天黑前抵達金士屯（Kingston）。把收集的植物樣本寄回威斯康辛我兄弟處。

九月十三日。走了一天，穿越與大山谷平行的幾座小山谷。這些小山谷的溝槽似乎是後來擠壓出來的，長滿了各種植物，有的非常好看，不過每樣東西都留有戰爭的痕跡。谷中的道路似乎都沒有定規，左彎右拐，讓人不小心就迷失方向。就在我忙著找路去田納西州勞登郡（Loudon County）的費拉達非亞（Philadephia）時，碰到一個健美的田納西女孩，她說翻過山丘要近得多，她總是走那條路，我不應該會有問題。

我開始爬過燧石山脊，但是很快來到一串讓人迷惑的小山谷，不管往哪個方向走，都無法接近費拉達非亞。最後，靠我的地圖及指南針，完全不管方向，我終於抵達一名黑人司機的屋舍，在那借宿了一晚，得到不少對黑人卡車司機相當實用的知識。

九月十四日。費拉達非亞是個坐落在美麗環境中的骯髒村落。有些松樹，黑橡樹很茂盛。蘭科六角蕨（*Polypodium hexagonopterum*）及聖誕蕨（*Aspidium acrostichoides*）是此地最普遍生長及繁茂的蕨類。絨紫萁很少，小而無果。離開坎伯蘭山脈後，蚌殼蕨就多起來了。烏木鐵角蕨（*Asplenium ebeneum*）在田納西及肯塔基的許多地方都很普遍。不過在同一個區域，氣囊蕨及淑女蕨（*Asplenium filix-fcemina*）就不普遍了。鳳尾蕨（*Pteris aquilina*）很多但很小。

走過許多綠葉覆蓋的山谷、蔭涼的樹叢，以及清涼的小溪。抵達麥迪森維爾（Madisonville），一個活潑動人的村落。可以看到尤納卡山脈的全景，宏偉壯麗。在一位個性開朗的年輕農人家過夜。

九月十五日。巨浪般層層起伏的絕妙山景。在山間開口處停留多次，歇息的同時也讚嘆美景。這條小徑在許多地方穿過岩石，在圓丘與山壑間蜿蜒。紫菀、蟛蜞菊[7]，還有葡萄藤緊密生長著。

夜幕降臨前來到一間屋子，要求過夜。「如果你覺得你能以我長久以來生活的方式將就一夜的話，」這個山中人說，「那就歡迎留下來。」這位老人十分健談。他喜歡說冗長無聊的故事，獵鹿等等。早晨時，他設法說服我再留一、兩天。

九月十六日。他說：「我可以帶你去這附近最高的山，在那裡，山的兩側你都可以看到，兩邊景觀截然不同。除此之外，像你這樣四處探險尋奇的人，應該看看我們的金礦。」我同意留下，去了金礦。在阿里甘利山脈中有少量的金礦。這裡的許多農人閒暇時，一年會花幾個禮拜到幾個月的時間去採礦。這附近，礦工每天可賺五毛到兩塊錢。離此不遠還有幾間規模頗大的石英打磨廠。一般工人一個月可以賺到十塊錢。

九月十七日。花了一天的時間檢視植物、觀看鐵鋪及碾穀廠。在田納西州及北卡羅萊納州較落後的地區，碾穀廠很簡陋。只要把一塊人可以夾在手臂下的小石頭，綁在一個簡陋手製迴轉水輪的垂直柄上，再加上一個漏斗和一個接穀子的盒子，就大功告成了。廠房的牆是直接砍伐幼樹樹枝組合造成，沒有地板，因為木材昂貴。也沒有水壩，水是沿著山邊找到足夠的水源後引導過來的。這法子在山區不難辦到。

星期天，你可以看到許多不修邊幅的山野人由樹林中走出來，每個人身後都揹著一袋玉米，從兩加侖到一大簍都有。他們沿著蜿蜒在山間或谷地的青蔥小徑，穿過山杜鵑花叢來到碾穀廠。花朵及油亮的葉叢擦過他們的雙肩及膝蓋，偶爾弄掉他們的浣熊皮帽子。第一個到的人把他的玉米倒進漏斗，打開水，就進屋去。抽根菸，閒談一陣後，他才會回來查看玉米是否磨成粉了。就算石磨空轉了一、兩小時，也無所謂。

這是我在田納西州看到的一般碾穀廠的設備及大小。這個碾穀廠是約翰・

凡恩建的，他號稱這廠一天可以碾二十簍穀物。不過自從轉手後，一天只能碾十簍。所有田納西州及肯塔基州的機械都十分落伍。這裡找不到北方不斷觀察發明的精神。在這裡做事，企圖改進就好像是犯罪一樣。紡織在山裡的每一戶人家都有，不過他們號稱是為了節儉與經濟。從事這種古老的藝術，在他們認為是一種進步而不是後退的標記。「這邊有一個地方，」我有錢的主人說，「不管是碾穀廠、店鋪、儲藏室、牛奶冷藏間，或是鐵鋪，全在一個院子裡！牛也一樣，一大堆壯女人在擠牛奶。」

這是我所見過最原始的村落，每樣東西都簡陋。在威斯康辛州最荒僻的角落，也遠比田納西州及北卡羅萊納州的山區進步得多。可是當我的主人提到「古老沒開化的時代」時，口氣就彷彿他是最文明時代的一名哲學家。「我相信上帝，」他說，「我們的祖先來到這些山谷，找到最肥沃的地方，把土地最好的一層都用盡了。耗盡養分的土地現在再也長不出一粒玉米。但是上帝已預見這些，於是祂為我們準備了其他的東西。那是什麼呢？祂要我們挖出這些銅礦與金礦，這樣一來，我們就有錢買種不出來的玉米了。」真是極好的看法！

九月十八日。爬上坐落在州界的山。景色是我前所未見的宏偉。視野可以由北面的坎伯蘭山脈一直延伸到南面的喬治亞州及北卡羅萊納州，約廣達五千平方哩。那像海洋般一波接一波的樹林，以及起伏重疊的青山，它們的雄偉壯麗實非言語所能形容。山巔無際的森林，重重疊疊，似乎一動不動地在盡情享受燦爛的陽光。所有這些連接的弧線及斜坡是如許柔美。啊！這就是上帝創造的森林天堂。這幅創作是多麼完美無缺又神聖啊！又是多麼簡單又神祕啊！誰能解讀這些森林教給我們的知識，這些低吟穿過山谷、友善相處的小河，以及天父仁慈照顧下生長在這裡的快樂萬物呢？

九月十九日。在我要穿越這些山脈之前，又一次得到嚴重的危險警告。我那富有的主人還告訴我山中有個令人驚嘆的峽谷，還建議我去看看。「那地方叫足跡峽谷，」他說，「峽谷裡有許多岩石，岩石上有許多足跡，有鳥的，牛的，馬的，人的，全都像陷進泥沼一樣嵌在堅硬的岩石中。」向這位富有的主人以及所有的奇觀道別後，我又繼續南行。

我離去時，他又再次警告前途危險。他說那裡有許多像野獸般凶暴的人，他們以掠奪為生，為了四、五塊錢或更少就可以殺人。停留在他家時，我注意到有個人天黑後就會到他家吃晚飯。他身上佩有一把長槍、一把手槍及一把長刀。我的主人告訴我，這人與他的鄰居發生衝突，他們打算一見到面就殺個你死我活。他們兩人都不能正常做工，或連續兩晚睡在同一個地方。他們只有在找食物時才走進屋子。我看到的這個人，一吃完晚飯就離去，到森林裡去睡覺，當然也不會點營火。他的對敵也一樣。

我的主人說，他試圖幫這兩個人調解，因為他們都是好人，如果停止爭執，兩人都可以回去工作。大部分時間他提供的食物是沒有加糖的咖啡、玉米麵包，有時候有鹹肉。不過咖啡是這裡的人所知道最奢侈的東西。唯一得到的方法是賣皮毛，或特別的「參」，也就是在遙遠的中國有市場的人參[8]。

我今天一天的路徑都是沿著西哇奇（Hiwassee）河多蔭的河岸前行[9]。此河是最奇特的山中之河。它的河道十分崎嶇，因為它穿過朝上岩層的邊緣，有些岩石呈直角，有些左右歪斜，於是產生了許多短而大的瀑布，而河流又因為水量及河床傾斜度的原因，流速受到限制。

未開發地區的所有大河，不管是流經高山、沼澤或平地，都神祕、迷人又美麗。河道切割得很奇特，遠比任何人造精美建築物來得神奇。最美妙的森林通常就在這些原始區域的河川兩岸，無數瀑布與急湍為森林帶來了聲響。西哇奇河就是這麼一條河，它的河面閃耀著萬點金光，兩岸森林懸垂著藤蔓，還裝飾了美麗的花朵，有如人間仙境。而從它譜出的音樂又是多麼美妙啊！

在墨菲（Murphy，北卡羅萊納州），我被警察攔下，從我的膚色及裝束，他無法確定我是哪裡的人，也無法判斷我從事什麼行業。內戰後，在這些荒僻地區出現的每個陌生人都被認為是罪犯，會成為人們好奇心的目標，也會受到焦慮的盤問。在與這位墨菲的警長談了數分鐘後，他認為我無害，並邀請我到他家去。這是我離家後第一次見到陽台種有花及樹藤的房子，而且由裡到外一塵不染，陳設舒適雅致。與荒野殘破骯髒的小屋相比，這簡樸拓荒者簡陋但整潔的大木屋實在令人眼目一新。

九月二十日。整日與畢爾先生一道徜徉於樹林及山澗間。他帶我去看了巴特勒堡（Camp Butler），那是史考特將軍[10]把衷若基族印第安人逼遷至西部新處所後所設立的指揮總部。在西哇奇河的岩岸邊找到許多稀有的奇異植物。下午，在山脈的主峰，我看到了一幅極美的青藍微弧形山景。在樹林間，我第一次看到冬青槲（*Ilex*）。畢爾先生告訴我，山裡或這附近的女人之所以臉色蒼白，主要是因為抽菸或所謂的「浸汲」。我從沒聽過「浸汲」這個名詞，其實就是指用塊小紗布包起強力膠後用力吸食。

九月二十一日。絢麗的森林！許多小溪穿流於道路間。我上午經過的布萊爾村（Blairsville，喬治亞州），似乎是個不規則而且沒有什麼重要性的小村落。但這村落被一串山丘包圍，倒是顯得氣象宏偉。晚上被一位熱誠的農夫招待留宿，他的妻子雖然外表敏捷整齊，但抽菸成癖。

九月二十二日。山丘開始變小，有貧瘠的泥土覆蓋。他們稱之為「圓丘地」。這些地被單耙犛開墾過。每一場雨都會沖走一些土裡的養分，但地底下卻得到滋潤。大約中午時分，我抵達到海邊前的最後一座山，名為藍山（Blue Ridge）。山脈前是一片跟我以前所經過地方迥然不同的景象。廣闊整齊的黑松樹林一直延伸到海；不管任何時間、任何情形下，這景象都讓人印象深刻，尤其是剛從山裡走出來。

隨著三個貧窮但開朗的山中人前行。他們是一名老婦人、一名年輕女人及一名年輕人，他們或坐或靠或躺在一輛篷車裡，那輛車破爛得好像全靠魔力支撐著才沒支解，而拉著篷車的騾子一頭很大、一頭又很小，使得它更加搖擺不定。下坡時，韁繩鬆弛，篷車的輪軸使騾子退到篷車下幾乎看不見，而車上三個人則滑到車前的擋板，在騾子的耳後擠成一堆。而他們還來不及從這個不雅的姿態中回復，路面又傾斜到把他們嗖一聲撞回後面的擋板，那姿態更古怪。

我預期會看見這三個男女及騾子混成一團跌落到某個山溝裡，但他們似乎對篷車的前後擋板有十足信心。於是，他們按著路的起伏，遵照萬有引力的定律，由一端到另一端繼續舒適地滑上滑下。當路不再那麼顛簸時，他們就談論愛、婚姻、營地聚會等鄉村習俗。那個老婦人經過這麼多路面顛簸起伏，手中仍牢牢捧著一束芳香萬壽菊。

這附近山邊有茂盛的紫菀。傍晚時分抵達約南山（Mount Yonah）。與一個身為奴工主人及礦主的美以美教徒（Methodist，又稱衛理公會教徒）有一番長談。享用了一杯美好的蘋果西打，精神為之一振。

【注釋】

1 柏恩斯：指Robert Burns，1759-1796，蘇格蘭詩人。他從小熟悉蘇格蘭民謠和古老傳說，並曾搜集、整理民歌，主要用蘇格蘭語寫作，所作詩歌受民歌影響，通俗流暢，便於吟唱，在民間廣為流傳，被認為是蘇格蘭的民族詩人。

2 米爾頓：指John Milton，1608-1674，英國詩人，對十八世紀詩人產生深刻影響，一六五二年因勞累過度雙目失明，晚年作品《失樂園》（*Paradise Lost*, 1667）是以舊約聖經創世紀為題創作的史詩。

3 阿里甘利山脈（Alleghany Mountains）：隸屬橫跨美國東部和加拿大的阿帕拉契山脈。呈東北西南向，綿延四百哩。

4 伍德：指Alphonso Wood，1810-1881，著有《植物學綱目及美國及加拿大的植物》（*Class-book of Botany, with a Flora of the United States and Canada*）。此書內容十分廣博，謬爾先生探尋時常攜帶此書。是一八六二年版本。

5 葛瑞：指Asa Gray，1810-1888，被譽為是十九世紀最重要的美國植物學家，研究北美植物區系，在統一該地區植物分類上貢獻不少，著有《美國北部植物學手冊》和《達爾文》等。

6 前面提過約翰．謬爾用的那本伍德的植物學，在書名頁節錄了所羅門（Solomon）王第四章第三十三節：「他提到了樹木，從黎巴嫩的香杉，甚至談到石壁縫裡長出來的牛膝草。」

7 在伍德一八六二年版的植物學中，對蟛蜞菊（*Liatris odoratissima*）有一段很有意思的論述，這種植物一般又俗稱野香草或鹿舌草：「它們多肉的葉子在乾燥幾年後還會散出濃鬱的香氣，因此，南方的菸草農夫把它們混在捲菸中，用香味遮蓋令人作嘔的菸草味。」

8 謬爾的日誌中有以下的附注：M郡一年生產價值五千元的人參，每磅約值七毛錢。法律規定在九月一日之前不准採收。

9 在謬爾的日誌中，將此河拼為「Hiawassee」，許多舊地圖也採用此拼法。此河名可能是由印第安裘若基族（Cherokee Indian）的「Ayuhwasi」演變而來，這是幾個印第安早期部落的名稱。

10 史考特將軍：指Winfield Scott，1766-1866，美國將領，他在一八三八年展現高超交涉技巧，說服一萬六千名憤怒的裘若基族印第安人從田納西州和南卡羅萊納州和平遷移到西部印第安保留區，還說服他們接受天花疫苗接種。

第三章 穿過喬治亞州河流區

九月二十三日。我已經幾乎完全離開山區了。但是氣候並沒有重大變化，因為緯度的減少被高度的增加平衡了。這些山脈是北方植物向南擴展的通道。在我旅行的路途上，有許多小區域南北植物交錯生長；但是到了阿里甘利山脈南側，才有大批代表兩種氣候的堅韌植物出現。

經過涼爽宜人的小鎮簡斯維爾（Gainesville）。恰塔乎奇河（Chattahoochee River）兩岸長滿了巨大蓊鬱的深綠色黑櫟，樹上被稠密的圓葉葡萄藤覆蓋，那葡萄藤華麗的葉子正好搭配上兩岸織錦般風光，其間更穿插點綴著他種美麗的藤蔓，以及顏色豔麗的花朵。這是我生平第一次見到真正的南方河流。

晚上我到了一個年輕人的家，他是我在印地安納的同事普瑞特先生。他南下回來探望父母。這是一間位在未開發樹林中的樸素小屋，躲在離河不遠、林木纏繞的小丘裡。整個晚上我們廣泛談論著南北方的情形。

九月二十四日。整日與普瑞特先生坐船暢遊恰塔乎奇河，吃著頭頂葡萄藤掉下來的葡萄。這種與眾不同的野生葡萄有十分粗壯的莖，有時有五、六吋粗，表面光滑，木質堅硬，與我以前見過的野生或種植的葡萄都大不相同。葡萄本身很大，有的直徑幾乎有一吋，滾圓形，而且味道極好。通常三、四粒長成一串，成熟時會自己掉下來，而不是在藤上腐爛。在岸邊的漩渦裡可以找到大量掉入河中的葡萄，船上的人把它們撈起來，有時釀成酒。我認為這種葡萄的另一個名字叫斯卡巴農[1]，不過此地人稱之為圓葉葡萄。

除了坐船游河外，我們也在植物糾纏但蔭涼的恰塔乎奇盆地中走了許久。

九月二十五日。與這個友善的家庭道別。普瑞特先生陪我走了一小段路，一再叮嚀我小心響尾蛇。他告訴我，現在正是這些蛇離開低濕洞穴的時候，因此更加危險，因為牠們都在外爬行。帶著警告，我往沙瓦納河（Savannah River）出發，但是在藤蔓圍繞的山丘間及河床低窪處迷了路。找不到普瑞特先生指示我可以涉水而行的淺灘。

於是我決定不去理會道路或淺灘，只是朝南前進。經過多次失敗後，終於成功在河岸邊找到一處地方，可以強行穿過糾纏的藤蔓進入河中。一段涉水而行，一段游泳，我成功渡過了河。我不在乎弄濕自己，因為在這烈日下，身上沒一會兒就會乾了。

快到河中心時，我發現水流很急，難以抗衡。雖然我拿了一根很粗的樹枝作為支撐，又一再努力，還是被水流帶走了好大一段。不過，我終於成功游到對岸淺水處，很幸運地攀住一塊岩石，待休息一陣後，才又游又走地上了岸。我拉著頭頂上垂下的藤蔓，把自己拖上陡峭岸邊。我把鈔票、植物標本攤開來曬乾，自己也伸展開四肢晾曬。

我在內心掙扎，是該沿著河谷走，直到找到一條船，還是自己用樹幹做一艘船，坐船沿河穿過喬治亞州而不靠步行。我被河兩岸美麗的奇景迷醉了，想像著當河接近出海口時景色將何等壯麗。但最後我還是覺得，步行要比醉人的船行收穫更多，於是一等身上乾了，就繼續徒步南行。響尾蛇非常多。晚上借宿農舍。在花圃裡找到一些熱帶植物。

棉花是這一帶的主要農作物，採棉的工作目前正愉快進行著。現在只有較低處的夾殼成熟了，較上方的還是青的，尚未迸開。再高一點則還是花蕾及花，如果植株茂盛，氣候又好，一直到一月前，這些花蕾及花仍會不斷結果。

工作的黑人都友善愉快，高聲談笑，工作懶散。一個精力充沛的白人專心工作，所採的棉花抵得過六名黑人（Sambo）或黑人與印第安人的混血（Sally）。這裡的森林幾乎全部是暗綠、枝幹多節的松樹，稀疏生長。土壤則大部分是白色細沙。

九月二十六日。下午抵達雅典（Athens），一座十分美麗又貴族化的城鎮，城內有許多古典又宏偉的富裕農莊。這些農莊的主人以前擁有更南邊最好的棉花及糖產地，也蓄養了大量農奴。四處都明顯顯露文化教養與富裕的跡象。這是我這趟旅行到目前為止所見到最美麗的城市，也是唯一我願意再造訪的南方城市。

這裡的黑人都被訓練得很好，而且很有禮貌。當他們在路上看到有白人經過，即使是四、五十碼外，他們都會馬上摘下帽子行走，一直到白人男子走出視線。

九月二十七日。在古老農莊間迂迴行走，有些農莊仍舊由戰前替他們工作的黑奴用以前的方法耕種，他們也仍舊住在以前的「房間」裡。他們現在一個月有七至十塊錢工資。

這沙質又少蔭的低窪地區，天氣酷熱。在一處有樹叢和藤蔓遮蔭的沙石盆地中，我找到了一道泉水，享用了這極難得的甘泉。在這裡發現一種很美的南方蕨類，還有一些新種草類。我想我是在乾渴到眩暈時被上帝帶到了這裡。在這一帶，甘美的清泉、涼爽的樹蔭及稀有植物極少會適時出現在同一個地點。

我見到了進入這明亮的光世界後，最為絢爛的落日。陽光的南方的確燦爛。經由一名有教養的黑人指引，我找到了當晚的宿處。這一帶每日的飯食是甜薯與生硬的鹹肉。

九月二十八日。在溪流的兩岸及低窪潮濕地區，黑櫟很茂盛。草長得很高，像手杖一樣，不像北方那樣密密鋪蓋地面。現在我身邊滿是陌生的植物。一天走下來，很少看到熟悉的花朵。

九月二十九日。今天我碰到了一種奇特的草，十至十二呎高，著生極美的圓錐形油亮紫花。它的葉子也一樣，形狀完美。它們大多生長在多陽光的近河低地或緩緩流動的溪水及沼澤邊。它們似乎知道自己尊貴的身分，以歐洲山松般高貴莊重的姿態舞動。我真希望能夠把這種尊貴的植物移植一棵到西部的草原區。當然，那朵朵圓錐形花都朝著它們的國王愉快地搖擺並低頭致敬。

九月三十日。在湯姆森（Thomson）到亞古斯大（Augusta）的途中，我發現了許多美麗的陌生草類，還有高長的假毛地黃、蟛蜞菊及石松等。這裡也有北方沒有的長葉松（*Pinus palustris*），樹高有六、七十呎，樹幹有二、三十吋粗，松針長十至十五吋，叢生在光禿的枝椏頂端。這種松樹木質堅硬光亮，是極好的船桅、橋梁及地板的素材，大部分被運到西印度群島、紐約及德州休士頓外港加爾維斯敦（Galveston）。

對一個北方人來說，五、六齡的長葉松幼苗可是件很奇特的東西。它們的枝幹挺直無葉，頂端鑲著一個散開如掌狀的深綠葉冠。孩子們覺得它們像掃帚，在扮「家家酒」時就拿來當掃帚用。長葉松在喬治亞州及佛羅里達州都很茂盛。

此地的沙質土壤含有一小層石英石及黏土。緩慢的風化作用導致這層黏土漸漸流失，最後只剩下沙土。雖然此地的土壤呈沙質，但地表到處可見到不流動的水，這明顯是因為前面所提到的這層不透水的黏土層。

一棵南方松——赫柏・葛理森（Herbert W. Gleason, 1855-1937）攝

鐵蘭——赫柏・葛理森攝

今天沒吃午餐及晚餐，一共走了四十哩。沒有一家人肯收留我，因此我不得不趕往亞古斯大。餓著肚子上床，早上醒來胃痛。痛的原因我想是因為胃壁在互相磨擦，它們之間沒有東西。一位好心的黑人指引我去最好的旅館，它的名字好像是叫「耕植者」。花了一塊錢睡到一張舒服的床。

十月一日。在市集裡找到便宜的早餐；然後沿著沙瓦納河前去沙瓦納。極好的青草，還有濃密茂盛藤蔓攀附的森林。一車車圓葉葡萄。紫菀及一枝黃花漸漸稀少。莎草極少見。豆科植物豐盛。有一品種的西番蓮很普遍，一直往北延伸到田納西州；這裡人稱之為「杏藤」，它的花朵很美，果實是我吃過最美味的水果。

這裡種植石榴。果實有橘子這麼大，皮厚而硬，切開後裡面有許多小囊，囊中滿是紫色透明的甜顆粒。

傍晚時分，我來到一個地方，這兒生長著一種極奇異的南方植物，名叫鐵蘭（*Tillandsia usneoides*，俗稱*Long Moss*或*Spanish Moss*）。它是一種開花植物，與鳳梨同屬鳳梨科（*Bromelworts*）。這裡的樹枝幹上全垂掛了這種植物，產生十分特別的效果。

在這裡我也發現一種無法穿越的柏沼（cypress swamp）。這種奇特的柏樹是杉科（*Taxodium*）的一種，長得又高又大，但樹頂很奇怪全是平頭。整個樹冠頂端幾乎同等平整，好像所有樹上端都有天花板擋住，或者在生長時被修剪過。這種柏樹是我所見過唯一平頭的樹。它的枝幹雖然散得很開，但都很小心地不互相超越，好像突然碰到了天花板。

樹林或小樹叢中爬滿了壯盛的常綠藤蔓。這些藤蔓生長時並不是分開的一小組或整齊的一小圈，反而肆無忌憚地竄延成一堵厚牆或一堆小丘。我開始感覺我到了個陌生的地方。我幾乎不認得任何植物，只認識少數鳥類，我也看不到附近的景色，因為這莊嚴、陰暗又神祕的柏樹林遮蓋了所有東西。

風中充滿奇怪的聲響，讓我覺得遠離了人群、植物及家鄉肥沃的田地。夜漸臨，我有難以言喻的寂寞感。覺得有點發燒。在又黑又靜的溪流中洗了澡，一邊緊張地提防鱷魚的出沒。在棉田中找到一戶棉莊主人家留宿。雖然這個家庭看來頗為富裕，但壁爐中燃燒北美油松發出的微光，是整個屋子唯一的燈光。

十月二日。在沙瓦納河谷低處的森林中，忙於採集新的植物標本。有大自然精心處理過的搔癢草（*Agrostis scabra*）。松樹和其他擺著開闊迎客姿態的植物壯麗並列著。

遇到一個年輕的非洲人，與他長談了很久。對他有關獵浣熊、鱷魚及許多迷信的動人訴說頗覺好玩。他指給我看一處火車曾經出軌的地方，並很確定地告訴我，那些遭難的亡魂每個黑夜都會出現。

日落後又走了一長段路。最後終於得以在柏金思醫生家留宿。在花園中看到梔子花（*Gardenia florida*）。聽了一大套有關戰時的情形、黑奴問題及北方政治的論說。典型的南方家庭；態度和善有禮，但對任何有關黑奴的事卻有十分固執的偏見。

這家人的餐桌跟我以前見過的都不一樣。它是圓的，中間有個轉盤。任何人想要食物，就把盤子放到轉盤上，盤子會被轉到主人面前，加添好食物後再轉回來。如此，不需麻煩別人傳遞，每個人的盤子就可以轉到面前。

十月三日。這一天大部分在「松樹荒原」前進。那是一大片低平的沙地；松樹稀落，在樹間陽光充足的地方有美麗豐盛的草、蟛蜞菊及高長的一枝黃花，也看到鋸櫚草等，把地面裝飾得像個花園。在這裡我可以很愉快地在沖積河床上自由漫步，不需擔心遭遇帶刺藤蔓和樹叢。低矮的櫟屬橡樹很普遍。

傍晚時抵達坎麥隆先生的家。他是個有錢的農莊主人，有一大堆黑奴在棉花田裡為他工作。他們仍然稱他為「主人」（Massa）。他告訴我，現在他花在雇用勞工的費用比黑奴解放前少。當我抵達時，我發現他正忙著清除一些軋棉機上的銹斑，這些機器在推動水車的水池底躺了幾個月，為的是不讓比爾·謝爾曼[2]的「飯桶們」把它們摧毀。磨穀場及軋棉場的大部分值錢東西都用同樣方法藏起來。「如果比爾．謝爾曼，」他說，「現在不帶軍隊南下來這裡，他就甭想回去了。」

當我問他今晚能否給我一餐飯，並讓我留宿，他說：「不，不行，我們無法招待旅者。」我說：「我是個旅行收集標本的植物學家。我如果找不到住處就必須露宿野外，在我從印地安納徒步走來的這段長行中，有許多次就必須這麼做。可是你知道這一帶多沼澤，請你至少賣給我一片麵包，讓我喝一口你井中的水，然後我會去找一塊乾的地方躺下。」

然後，在問了我幾個問題，仔細盤查一番後，他說：「好吧，我們不太可能找到地方供你睡覺，不過你跟我到屋子來，讓我問問我妻子。」顯然，他十分謹慎，在答應留我前要先詢問妻子的意見，看她覺得我是個什麼樣的人。他把我擋在門外，然後把妻子叫出來。她是個漂亮的婦人，她也仔細盤問我，為什麼戰爭一結束就來到這麼遙遠的南方。她告訴丈夫，她想也許可以找到地方讓我過夜。

晚餐後，我們坐在爐火邊談論我最喜歡的植物，我描述我這一路經過的地方及這些地方的植物特性等等。然後，很明顯的，他們對我是否是好人的所有懷疑全消失了，兩人都說他們不會因為任何原因拒絕我，不過請我原諒他們的謹慎，因為這裡並不在交通要道上，從這裡經過的人，不到百分之一是值得信賴的。「才在不久前，我們招待過一個言語有禮、衣著整齊的人，但這人偷了些值錢的銀器後在半夜開溜了。」

坎麥隆先生告訴我，當我來到時，他曾用暗號試探我是否為共濟會成員，但發現我不是，他仍然很懷疑我為什麼敢在這種混亂時刻，在沒有共濟會兄弟幫忙的情形下到各處探險旅行。

「年輕人，」聽了我談論植物學後，他說：「我了解你的愛好是植物學。我的愛好卻是電力。我相信那個時代就快來臨了，也許我們看不到，但是那個現在只用在電報上的神祕力量，終究會被用來行駛火車、輪船或照明，換句話說，電力會被用來做世界上所有的工作。」

自那以後，我有許多次會不自主想到這位喬治亞農莊主人極正確的看法，他比世上幾乎所有人都有遠見。所有他預見的事幾乎都已經實現，而電的用途也一年比一年廣泛。

十月四日。新的植物不斷出現。鎮日身處濃密、潮濕、黑暗、神祕的平頂柏樹林中。

十月五日。第一次見到宏偉高貴的香蕉樹茂盛生長在道路旁的田園裡。晚上與一戶和樂又有智慧的沙瓦納家庭一起度過，當然，像往常一樣，經過仔細盤問後，我才被允許留宿。

十月六日。無邊的沼澤，仍舊被堅韌的藤蔓圍繞。這裡光線幽暗，又從不受風沙酷旱騷擾。有許多地方似乎被水生植物完全覆蓋。

十月七日。無法穿越的柏沼似乎無邊無際。銀色的鐵蘭串越來越長，也更茂盛。與一戶非常和善的喬治亞家庭消磨了一晚，當然事前也歷經一番盤問。

十月八日。發現第一種木本的菊科植物（*Compositae*）。這是一個頗值得注意的發現。老遠就能看見它們。這裡幾乎所有植物都是常綠的，葉子厚而油亮。洋玉蘭（*Magnolia grandiflora*）開始普遍。這是花朵、樹葉及果實都十分華麗的植物。在接近沙瓦納的地方，我發現一處廢墟長滿了茂密的木本豆科植物，它們有八至十呎高，羽狀葉，掛著搖晃的豆莢。

抵達沙瓦納，但沒有接到家中的任何訊息，我要我兄弟從波特吉（Portage，威斯康辛州）電匯的錢也還沒到。感到萬分孤單與貧窮。找了個我能找到的最破爛的寄宿處，因為它便宜。

【注釋】

1 謬爾在此所說的是指美國南方種的圓葉葡萄，又稱麝香葡萄（foxgrape或muscadine，學名*Vitis rotundifolia*）。斯卡巴農（Scuppernong）是它的古老印第安名字，起源於這種黃綠色大葡萄主要產在南卡羅萊納州斯卡巴農河流域。伍德的植物學稱之為*Vitis vulpina L.*，他同時解釋「此品種的葡萄在南方的果園普遍被叫作『斯卡巴農』」。

2 謝爾曼（Bill Sherman）：指William Tecumseh Sherman，1820-1891，美國南北戰爭中的北軍將領，以火燒亞特蘭大（Atlanta）和著名的「向海洋進軍」（March to the Sea）而聞名於世。謝爾曼將軍堅信如果要提早結束戰爭，就要徹底毀壞截斷南方資源，潰滅南方抵抗意志。燒掉了整座亞特蘭大城後，行軍所經之處糧食與牲口全被燒殺一空，平民建築亦全破壞殆盡，包括鐵路拔起扭曲破壞。

第四章　墓地露營

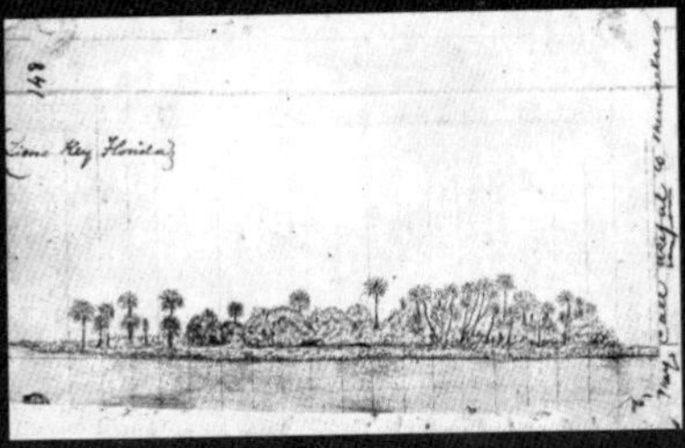

十月九日。再度去了電匯局及郵局，又在街上閒逛了一陣子後，我發現一條路把我帶到了邦納凡恪（Bonaventure）墓園。如果聖經中所提到的加里利海對面的那個墓地有邦納凡恪墓園一半美麗，我不懷疑人可以居住在墓園中。它距沙瓦納只有三或四哩，一條平坦的白色貝殼路連接彼此。

不論陸地、水上或天空，都沒有東西可以讓人聯想到邦納凡恪墓園有多美麗。路的兩邊是不規則的荒僻土地，覆滿了粗賤的野草，沒有絲毫被開墾的痕跡。可是很快一切都改變了。搖搖欲墜的茅屋、倒塌的圍欄、最後一塊有穀物殘株、野草蔓生的空地都過去了。你來到紫色蟛蜞菊的花床及壯盛的天然林園。你可以在這座宏偉的老森林墓園中，聽到小溪對岸鳥兒的歌聲，享受與大自然相伴的喜悅。一切是這麼的美麗，以至於任何有理性的人都會選擇在這裡與死人同居，而不願與懶散的活人同住。

此地一部分已被開墾，大約一百年前有個有錢人在此種植了櫟屬橡樹，也建造了他的鄉間居所。但是大部分土地都沒有被驚動。就算那些被人工碰動過的地方，大自然也再度接手，把它們弄成沒有人的足跡踐踏過的樣子。只有一小部分土地被墳墓占據，而那座老莊院也殘破不堪。

邦納凡恪墓園最引人注目的地方是櫟屬橡樹排出的康莊大道。它們是我所見過最宏偉的人工栽種樹木，大約五十呎高，樹幹直徑約三、四呎，樹冠寬闊多葉。主幹隱藏於樹葉中，水平延伸，與道路另一邊的樹幹互相交錯，而每一根枝幹同時又被蕨類、花朵、青草及短莖薩巴爾櫚妝點得像個五彩繽紛的花園。

可是這座奇特樹林內的所有植物中，最引人注目又個性十足的植物是鐵蘭。它像簾幕般從上到下蓋滿了樹木枝幹，無數銀灰色叢串，每串長度不下於八至十呎。當它們隨微風緩緩飄動，給人一種莊嚴憂鬱的奇特感覺，久久揮之不去。

另外，當然還有無數小樹與矮樹叢，它們生長旺盛，光彩奪目，幾乎完全遮蔽了樹幹。這地方有一半被鹽沼及河中的小島包圍，其中的蘆葦和莎草為它

沙瓦納的邦納凡恪墓園——赫柏．葛理森攝

鑲上了美麗的邊框。許多禿鷹在沼澤邊的樹上棲息。每天早晨都可以聽到禿鷹的啼叫混合著烏鴉的聒噪，還有密蔭深處傳來的無數鳥鳴。大群蝴蝶、各類昆蟲似乎都在快樂地飛舞跳躍助興。整個地方充滿了生命力，死者並不是這裡的唯一統治者。

對我而言，邦納凡恪墓園是我所見過動植物共存最令人印象深刻的地方。西部的草原，威斯康辛花園般的明朗景色，印地安納州及肯塔基州的山毛櫸、楓樹與橡樹林，幽暗神祕的沙瓦納柏沼，都讓我眼界大開；但是，從我能徜徉於樹林中開始，從沒有一種樹能像邦納凡恪墓園中樹蘭垂蓋的橡樹那樣，為我帶來心悸的感覺。

我像是一個從另一個世界初來乍到的人，悚然敬畏地瞪視著這一切。邦納凡恪被稱為墓園，一座死人之城，但是與強烈的生命力比較起來，幾座老墳顯得軟弱無力。流水的漣漪，鳥兒的鳴唱，花朵歡欣的自信，橡樹不移的沉靜莊重，把這座墓園變作上帝最喜愛的生命與光亮的泉源之一。

人類對死亡所抱持的觀念暨曲解又悲哀，沒有任何事比得上。我們沒有看到大自然中生命與死亡明顯友善的結合，反之，我們被告以死亡是意外，是對最古老的罪可悲的懲罰，是生命的大敵等等。尤其是城市的孩子，更是過分浸淫於這種傳統的學說中，因為在城裡鮮見死亡的自然美，大人也從不教導。

暫且不論人類對死亡無數不同形式及方法的殘害，光就人類本身來說，我們對死亡的最美好記憶僅止於嘆息與眼淚，其中糾纏著病態的鼓舞，就算是壽終正寢也一樣；穿著黑衣、面帶哀戚出席葬禮；最後，一口黑棺葬在一個想像中各種鬼魂出沒的陰暗恐怖地方。因此，死亡使人害怕，於是，臨終者的最後遺言「我不怕死」成了最可貴又令人難以置信的事。

但是，讓孩子走入大自然，讓他們看到死亡與生命美麗的融和交流，它們不可分離地快樂結合在一起，就像森林與草原、平地與高山、溪流與星星那樣，孩子們就會了解死亡事實上並不痛苦，它跟生命一樣美麗，墳墓並沒有戰勝生命，因為兩者間從來沒有戰爭。一切都如上帝安排的那樣和諧。

邦納凡恪墓園內的幾座墳大部分都種了花。通常，墳前靠近豎立的大理石墓碑旁邊種著玉蘭，墳後是一、兩株玫瑰，墳上或兩邊則是紫羅蘭或鮮豔奇特的花朵。這一切都用黑色鐵欄圍住，那些堅固的鐵杆可能是地獄戰場上的矛刺或棍棒。

觀察大自然如何勤勉地補救這些愚蠢的人工作物，著實是件很有意思的事。它腐蝕鐵欄及大理石，把隆起的墳頭漸漸鏟平，好像是過重的泥塊不應壓在死者的身上。彎曲的綠草一棵接一棵長出來；種子默默無聲地舞著柔軟的翅膀飛來，把生命的至美帶給人工的塵土；而壯盛的常青樹枝幹裝飾著各種蕨類，樹蘭的簾幕更覆蓋了所有一切——生命在各處滋長，消滅了人類的所有迷惑記憶。

在喬治亞州，許多墳墓有像水井那樣四根柱子撐起的木片屋頂，好像日光與雨水不是上天降下的祝福。也許，在這有害身體的酷熱氣候中，日曬和雨淋成了非鏟除不可的必要之惡，有些人們不願意死去的家屬受到它們的殘害。

我預期的郵匯錢包一直到第二個星期才收到。第一晚住了那家便宜但破爛的旅店之後，由於錢包裡只剩一塊五毛錢，我不得不開始露宿，以便把錢省下來買麵包吃。我走離喧鬧的市區，希望找塊不潮濕的地方睡覺。我走到靠海那面的城市邊緣，發現了一些低矮的沙丘，被一枝黃花覆蓋成一片黃色。

我在及踝的沙中，疲憊地由一座沙丘踱到另一座沙丘，希望在高高的花幹下找到一個不受蟲蛇侵襲又遠離人們的地方睡覺，後者尤其重要。可是無所事事的黑人到處亂竄，我有些害怕。風中有奇怪的聲音，不停把圓錐形花朵重重打到我頭上，我又怕染上此地頗為普遍的瘧疾，突然，我想到了墓園。

「那裡，」我想，「對身無分文的流浪者來說，再理想不過了。沒有那些迷信的壞人潛行，因為他們怕鬼，而對我而言，那是上帝賜予的平靜安息所。再者，如果我得暴露在不健康的霧氣中，至少我能欣賞月光下的宏偉橡樹，以及這個孤寂美麗地方的所有無可言喻的動人處，這可是最高級的補償。」

到這時天已近黃昏，於是我加快腳步穿過沙地走回道路，向邦納凡恪墓園前進。我對自己的決定十分滿意，幾乎是很高興地發現，現實給了我一個很好的藉口去做我知道我母親會責備我的事；當初她要我承諾，如果能避免絕不露宿野外。在太陽下山前不久，我經過了黑人的小屋及稻田，在幽暗寂靜下接近墓園。

在濕熱的空氣下長行使我非常口渴。由城裡到墓園有三、四哩路。就在墓園外道路下有條咖啡色幽暗緩流，我不顧黑暗中可能遭受蛇及鱷魚的襲擊，設法穿越稠密樹叢，終於喝到了幾口水。於是，恢復精神的我踏進了這個怪異但美麗的死人居所。

我走的每一條路都在陰影下，但兩邊暴露在夜光下的墓碑卻閃出耀眼的白，晶瑩剔透的莓子在稠密的樹叢中閃閃發光，像一堆堆水晶。沒有一絲流動的空氣擺動灰色鐵蘭，大樹的黑色手臂在頭頂上互相連接，覆蓋住整條道路。但這整張綠蔭床罩，在葉間有一小點一小點縫隙，月光從中穿透，替黑影鑲上了銀邊。雖然極端疲倦，我仍然閒步了一會兒，沉醉其中，然後才找了棵大橡樹底下躺下來。我找了個隆起的土堆當枕頭，把植物壓平器及旅行包放在身邊，睡了一個不錯的覺，不過有足部帶刺的甲蟲爬過我的手及臉，還有許多飢餓的蚊子叮咬我，擾了這場好覺。

當我醒來，太陽已升起，大自然的一切又清新歡愉。有一些鳥兒發現了我，認為我是入侵者，用各種有趣的語言和姿態費力騷擾我。我聽到禿鷹的嘶啼，以及溪流中陌生的鳥鳴。我也聽到遠處沙瓦納人的吟唱，夾雜著黑人震人心弦的長嘯。我起身後，才發現頭枕的是個墳堆，雖然我不像身下那人睡得那麼沉，但也精神飽滿。我向四周望去，初陽的光芒從沾滿朝露的橡樹與花草間湧上，眼前所呈現的美景是如此光輝燦爛、令人讚嘆，所有的飢餓奔波似乎是一場夢。

吃了一、兩塊餅乾當早餐，用了幾個小時觀看光彩、鳥兒、松鼠、昆蟲後，我又回到沙瓦納，發現錢仍舊沒到。於是我決定提早回到墓園，做一個有頂的窩來擋露水，因為我不知道還會在這裡耽擱多久。我在沙瓦納河右岸附近稠密的莓子樹叢中找到一個隱蔽的處所。那裡是禿鷹與無數鳴禽的窩巢。這地方是如此隱蔽，以至於我必須在心中默記由主要道路邊我做記號處通到這裡的路徑，這樣晚上要睡覺時才不至於找不著。

我用四株樹叢做為我的小窩的四根柱子，再把兩邊的細樹枝打結充當克難屋頂，地上則鋪上厚厚的鐵蘭當成床，整個空間有四、五呎長，三、四呎寬。我的居處小到我不只可以搬走床，更可以扛起整個屋子走。當晚，我吃了幾片餅乾後，就在那兒睡下了。

第二天我又回到城裡，像昨天一樣失望，錢還沒到。於是，我花了一天時間觀看城裡漂亮宅邸內庭及公園裡的植物後，又回到墓園的住處。我不願被看成是一個到處躲藏的罪犯，因此總在天黑後才回去。有一晚，當我打算在鐵蘭製床鋪躺下時，覺得裡面有個冷血的東西；我不知道那是蛇還是隻青蛙或蟾蜍，但我沒有抽回手，反而本能地抓起那可憐東西就往樹叢頂上丟出去。這是僅有一次我遭遇到的干擾，或可說是害怕。

早晨，一切似乎又回復祥和。只有松鼠、陽光、鳥兒來到我身邊。牠們發現我的窩後，我每天就被這些小歌唱家叫醒。這些鳥兒剛來時，不會立刻熱誠地唱出晨歌，而是先停在距我小窩兩、三呎的地方，從樹葉空隙處觀察我，以半惱怒半好奇的聲調喋喋不休。鳥群越聚越多，都被這騷擾吸引了。如此這般，在這神奇的原始地方，我開始與我的鳥兒鄰居們熟識，牠們瞭解我沒有惡意後，就用歌唱來代替喋喋不休的責備。

過了五天這種墓園生活後，我發現就算每天只花三、四分錢，我僅剩的二十五分錢也會很快用光。一次又一次找工作失敗後，我開始想，假使我可以依賴烤過或生的玉米或稻穀生存，我就必須再往鄉下走一點，希望碰到還沒有收成的田地，當然，還必須在可以走到城裡的距離內。

到這時我已開始感覺眩暈，在走到城裡的路上警覺到自己步履蹣跚，頭暈眼花。面前的路不斷向我撲來，路兩邊凹處的小溪像是湧上了山坡。於是我發現自己已經餓到會有危險的程度，越來越急著想收到寄來的錢。

在第五或第六天的早晨，當我探問錢是否到達時，很高興地聽到它已經到了，可是無法證實我的身分，他們不能給我。我說：「看！這裡有我兄弟寄給我的信。」我把信交給他。「信上說明了錢的數目，由哪裡寄出的，以及在波特吉市付郵的日期，我想這應該夠了吧。」他說：「不，不夠。我怎麼知道這信是你的？你可能是偷來的。我怎麼知道你就是約翰．謬爾？」

我說：「你看，這封信上指出我是一個植物學家，對不？信裡我兄弟說，『我希望你一切愉快，並找到許多新種植物』。好，你說這封信可能是我從約翰．謬爾那兒偷來的，因此知道有一筆錢會從波特吉市寄來給他。不過這封信證明約翰．謬爾一定是個植物學家，雖然如你所說，這封信可能是偷來的，但是這個小偷不太可能把約翰．謬爾的植物學知識也偷來。我想，當然，你在學校一定也學過一些植物學，何妨考考我，看我是不是懂一些。」

他對我說的話和善地笑了笑，顯然我的辯解既強又有說服力，不過，也許是同情我看起來蒼白又飢餓，他轉身去敲了一間辦公室的門——想必是經理的辦公室——把裡面的人叫了出來，他說：「某某先生，這裡有個人在過去一個禮拜天天來問是否有筆錢從威斯康辛州的波特吉市寄來。他是個從外地來的陌生人，這裡沒有人能證明他的身分。他所說的錢的數目及寄信人的名字都對。他有一封信指出謬爾先生是位植物學家，雖然與謬爾先生同行的人有可能偷了他的信，卻不可能偷走他的植物學知識，他要我們考他。」

辦公室的主任笑了，盯住我的臉仔細看了一陣，揮了揮手說道：「讓他拿去吧。」我高興地把錢放入口袋後，沿著街還沒走幾步路，就碰到一個非常胖壯的黑女人捧著盤薑汁麵包，我馬上投資了些剛收到的新財富，開心地在街上邊走邊吃，毫不掩飾我快樂的吃相。然後，我仍覺得餓，就來到市場的小吃聚集處，為胃裡的薑汁麵包上又填上一大份正餐！於是，我的《行過喬治亞進行曲》[1]就在麵包狂歡節中圓滿結束。

【注釋】

1《行過喬治亞進行曲》（Marching Through Georgia）：乃一八六五年美國內戰末期渥克（Henry Clay Work）所譜寫的一首進行曲，內容描述一八六四年九月北軍一舉攻下亞特蘭大後兩個月所開始的著名焦土戰術「向海洋進軍」，北軍在這回進軍中徹底摧毀了南軍的各種軍事設施，沉重打擊了敵人的經濟力量，使南方經濟陷於癱瘓。

第五章

跋涉過佛羅里達州的沼澤與森林

到目前為止我經過的州，我最喜歡喬治亞州的人。他們態度迷人，所住的房子也比臨州寬大舒適。不管花費多少錢裝修房子或培養氣質，他們都不會像新英格蘭人那樣，好像這一切是不斷痛苦犧牲與訓練的代價。他們完全去除了人為的壓力與標準，把自然界的堅忍與迷人處融入個性的發展與塑造。

就算是最平常的喬治亞人，對待陌生人也有一種特別熱心迷人的方法。他們把「先生，祝你安好」隨時掛在嘴邊。喬治亞的黑人的舉止也極端有禮，好像永遠都十分高興與任何人打交道。

雅典市有許多美麗的住宅。我從沒見過一戶人家會僅僅為了房子的美觀而做這麼多的事，當然，這絕不是一般喬治亞人家的特性。幾乎所有田納西州及喬治亞州有錢農家都自己織布。這個工作幾乎全由家中的母親和女兒負責，她們花許多時間在這個工作上。

戰爭的痕跡不僅存留在殘破的田野、燒毀的圍欄與穀場，以及被徹底殘害的樹林中，更留存在人們的臉上。一座森林被燒毀，幾年後新一代樹木又愉快地生長出來，展現最清新的活力，只有已死或半死的老樹標示出災難的痕跡。生活在戰地的人們也是一樣。快樂無憂又健康的兒童漸漸成長，而他們身邊衰老半殘的父母身上，則刻畫著人類文明最殘酷災難所留下的可憎又無法消滅的痕跡。

自從我開始這趟「尋花訪草」的旅程之後，我不只看到了新的植物，還是與以前所見所聞徹底不同、完全不熟識的植物。我見識到玉蘭、山茱萸、櫟屬橡樹、肯塔基橡樹、鐵蘭、長葉松、美洲蒲葵、含羞草，以及整座森林的陌生樹木、濃密藤蔓糾結的花叢，以及一大片茂盛的竹林及滿塘的水蓮。所有這些對我都是新奇的；然而，我仍然急切地想到佛羅里達州去，那裡是我熱切盼望的熱帶植物的家，我知道我不會失望的。

就在我收到錢的同一天，我搭上一條汽輪「沙文海岸號」（Sylvan Shore）前往佛羅里達州的費南迪納（Fernandina）。在日光下沿著佛羅里達海岸航行充滿了新奇，也讓我憶起了蘇格蘭福斯灣（Firth of Forth）登巴鎮（Dunbar）

的日子[1]。

在船上，我與一位南方農莊主人有一段深入談話，話題是這裡每一個思想單純的白人縈繞心中、揮之不去的問題。我也碰到一個蘇格蘭同胞，他對南方政治以外的事物特別感興趣，也有一些見解。總括而言，我在船上的半天一夜過得十分愉快，它把我帶過了一片非常濃密、枝藤糾結、完全無法徒步穿越的蠻野森林。

眾人皆知，在地質上不久的年代以前，由阿里甘利山腳下直到目前的海岸線的這片沙地，全被海洋覆蓋，海面漸漸退去後，留下許多低窪地區形成了湖泊與泥沼。有些陸地仍然侵占了海面，但並不是呈一條直線，而是造成了許多潟湖與小港灣，還有一個個點狀珊瑚島。

這條小島及半島的沿岸，海島棉[2]在此生長。這些小島有些浮於海面，僅靠紅樹林及燈心草的根固定著。只有幾小時時間，我們的汽輪是在有海浪的開闊海面航行，其他大部分時間都穿梭於潟湖之間，那裡是鱷魚及無數鴨子與水禽的家。

十月十五日。今天我終於到達了人們稱之為「花之鄉」的佛羅里達州。這是我嚮往已久的地方，我很怕我的渴望與禱告會落空，在死前無法對這片花園樂土投以一瞥。可是，這裡就是了，近在咫尺！這是一條平坦、潮濕、水草叢生的海岸，夾著一叢叢紅樹林，以及爬滿苔蘚的森林，較遠的低處有陌生的樹木。汽輪像隻鴨子般在水草叢生的小島間找路。我踏上了破舊的碼頭。走了幾步就進入破舊的費南迪納。我找到了一家麵包店，買了些麵包，沒問任何問題就出發前往陰鬱幽暗的樹林。

不論白天或夜晚，我所夢想的佛羅里達總是突然出現一座隱閉的森林，每棵樹都開著花，彎曲的樹幹上又覆蓋綻放鮮豔花朵的繁茂糾結藤蔓，一切都沐浴在燦爛的陽光下。不過，當我踏入這片夢想中的人間天堂的大門時，事實並非如此。鹽沼大部分低於海面；一處處樹叢四處散落，沉在莎草與燈心草之間，綠油油但不見任何花朵；更遠處的樹，看不清邊際，並非繁茂地生長在起伏的山丘上，而是幾乎水平地向內陸延伸。

我們沒吃早餐就被汽輪的船長送下船，觀察完擠在我身邊的一些新植物之後，我把植物壓平器及小旅行包丟到乾燥樹叢下，開始吃早餐，那裡附近的草地與樹根間有一堆堆隆起，應該是遺棄的麝鼠窩。這裡天上及地上的每一件東西對我都是陌生的，沒有一點友善熟識的標記，身邊也沒有任何東西對我吐出一絲同情，當然，我感到十分孤獨。我把頭枕著手肘躺下，一邊吃著麵包，一邊瞪視聆聽這絕然的陌生。

當我正幽思冥想入神之際，身後的燈心草叢中傳來一陣窸窣聲。如果我心神健康，身體又不是處於飢餓狀況，我會很平靜地轉身觀看動靜。但半飢餓又孤苦無依的這當兒，我只想到壞的方面，立刻認定是鱷魚發出的聲響。我感覺得出牠長而有凹痕的尾巴在甩動，我可以看到牠張著大嘴露出一排排利齒，而且正一股腦朝我咬來，一切是那般歷歷在目。

嗯，我不知道當時自己害怕或痛苦的程度，不過當我了解真相時，我的食人鱷魚變成了一隻高眺的白鶴，像是仙境來的使者——「啊，只是這東西。」我禁不住感到慚愧，替自己找藉口，說是在邦納凡恪墓園的焦慮與幽暗飢餓造成的。

佛羅里達州多水又藤蔓糾結，不管朝哪個方向，想步行穿越都不太容易。我開始沿著一條為火車軌道[3]開發出來的空隙走，有時在鐵軌中間的枕木上一步步前行，有時走在兩旁狹窄的沙地上，不時凝視大自然的神祕森林。想形容這一片漫無邊際、單調又深不可測的廣大森林有多幽暗陰鬱，簡直是件不可能的事。

今天走的路很短。一種像手杖的陌生草類、大朵的百合花、樹上或藤上的鮮豔花朵，都吸引了我的注意力。有時，我也會丟下植物壓平器及小旅行包，走入咖啡色的水中去採集標本。常常我越陷越深，不得不轉回頭，可是一次又一次在別處嘗試。有時我被錯綜複雜的手臂似藤蔓纏住，變成一隻在蜘蛛網上

佛羅里達州東部聖約翰河畔——赫柏・葛理森攝

的蒼蠅。不論是涉水或爬樹採集果實標本時，我總被陽光下無法深入的浩瀚樹海深深震撼住。

我在喬治亞州看過的大朵玉蘭，這裡才是它們更好的居所。它那葉背呈深棕色的深綠色大葉子光滑發亮，在糾纏攀爬的藤蔓成堆花朵間閃閃發光。它的果實也鮮豔光亮，比橘子更能表現熱帶的色彩。它著實像是萬民景仰的王子。

偶爾，我會碰到生長著長葉松（*Pinus palustris* 或 *Cubensis*）的細長開闊沙地。雖然有充分的陽光，這種地方還是非常潮濕，但仍長滿了紫色蟛蜞菊和橘黃色桂皮紫萁。不過，這狂野一天的最大發現是美洲蒲葵。

我碰到了如此多陌生植物，簡直是興奮極了，不時停下來採集標本。雖然這些沼澤森林十分吸引人，又可能有許多新奇的東西，但根本無法強行深入。我不顧水蛇與蟲蟻，數度竭力想穿過糾纏不清的堅韌藤蔓，但最多只能深入到幾百碼的地方。

就在我為只能在這廣大森林的邊緣行走而懊惱時，我瞥見了第一株美洲蒲葵，它幾乎是孤獨站在一片草地上。有幾株玉蘭及光禿的柏樹在附近，但並沒有覆蓋住它。人們說植物沒有靈魂，又易毀滅，只有人類是神聖的等等；不過在這點上，我想我們的所知近乎零。不管怎樣，這種棕櫚樹（蒲葵屬棕櫚科）帶給我無可言喻的深刻印象，而且教導我人類的傳道者從沒給過我的東西。

這種植物有純灰色主幹，形狀像掃帚柄一樣圓，頂端生有光澤的溝槽葉片。它比謙虛的威斯康辛橡樹還簡單樸素；可是不管是在微風中擺動，或是在陽光下靜止沉思，它都散發著一種表現力，那是這趟旅行到目前為止，我所碰到的任何一種其他植物不論高矮都無法超越的力道。

我的第一株這種植物的標本並不很高，只有二十五呎，有十五至二十片葉子，均勻圍繞著主幹向外彎曲。每片葉子大約有十呎長，葉片四呎，葉莖六呎。葉面有溝槽，像個半開的貝殼，非常油亮，在陽光下閃耀有如玻璃。頂端還沒有發育完全的葉子直立密合，整個樹冠像個橢圓形皇冠，熱帶的陽光湧於其上，反射出點點金光及長條如星的光芒。

我現在置身於驕陽下的花園中，園裡棕櫚與松樹相會，這是我渴望祈禱已久並常在夢中出現的景象，雖然今夜在這陌生的環境中，我感到孤獨，周圍是陌生的植物、陌生的風和陌生的鳥兒，柔和低吟出我從沒學過的語言。不論是實物還是精神上，這裡都充滿了我從沒經歷過的感覺。然而，我由衷感謝上帝，是祂的仁慈，我才有幸來到這美好的地方。

十月十六日。昨晚在沒有道路的樹林中時，夜色越濃，周遭神祕的夜晚就越發神祕，我放棄了尋找能提供食物及住宿的人家，只希望能找到一塊乾燥、安全、不受野生動物及逃跑的黑人騷擾的地方睡覺。我在潮濕但平坦的樹林中快走了幾小時，但遍尋不到一呎見方的乾燥土地。沉悶的貓頭鷹囂啼沒有間歇，陌生昆蟲或野獸的夜間嚎叫接二連三不停出現，帶來夜晚的各種面貌。每樣東西都有個家，只有我沒有。聖經裡，雅各在乾燥的巴旦亞蘭平原睡覺時，頭下還有塊石枕，相較下應該算是快樂多了[4]。

當我來到一個有松樹生長的較開闊地方時，已經大約十點鐘，我想至少現在可以找到一塊乾的地方了。可是就算是光禿的沙地也是濕的，等到腳下不再濺水，我開始用手在地上摸索，許久後才發現一片乾燥的小山坡可以讓我躺下來。我吃了塊在袋中幸運找到的麵包、喝了點幸運小丘附近的棕色水才躺下來。我周遭有許多隱形不見蹤影的目擊證人，其中就屬貓頭鷹最吵了，牠們抑揚頓挫井然有序地發表幽鬱的演說，不過並沒有妨礙侵襲讓我消除疲勞的睡眠。

早上，我被露水浸得又冷又濕，沒吃早餐就上路了。有豐富的花朵及美景供我觀賞，就是沒有麵包。麵包這東西討厭的是它會壞，如果可以不吃麵包，我想文明世界就不會看到我的蹤影了。我走得很快，一邊找住家，一邊看著無盡的新奇植物。

近午時分，我來到一間簡陋的小屋前，有一堆伐木者正在坎伐製船用的圓長松木。他們是我所見過最野蠻的白人。田納西州及北卡羅萊納州山裡的退役長髮游擊隊員頗為狂野，但講到野蠻，這些佛羅里達伐木人更有過之。雖然如此，他們既無惡意也不熱絡地給我了一些黃色豬肉和玉米粥。於是我又愉快地躲進了森林。

幾小時後，我與三個人、三條狗一起用餐。後者狂烈地攻擊我，還想用利牙扒走我的衣裳，我幾乎是被向後拖著走，還好沒有被咬就逃脫了。我面前放著用肝、甜薯和麵團做成的派餅，在我吃完了頗大的一塊後，其中一人轉向他的同伴說：「啊，我想這人很能吃，他已經一點不剩了，我再去拿些馬鈴薯給他。」

來到一池不流動的水塘邊，先前想必有鱷魚在裡面翻滾、曬太陽。「看，」一個住在這裡的人說，「你瞧，好大的印子！必定是個大傢伙。鱷魚會像豬那樣打滾，還喜歡曬太陽。真想獵殺到這傢伙。」接著就說了一大堆與這種身披鱗甲的敵人的血戰經過，當然，其中不少次他都是主要角色。聽說鱷魚特別喜歡黑人與狗，當然狗與黑人都怕牠們。

我今天碰到的另一個人，指著他家門前長滿水草的淺水池說：「就在那兒，我曾和一隻鱷魚有番惡戰。牠捉住了我的狗，我聽到牠的嚎叫。那隻狗是我最好的獵犬之一，所以我決定盡力搶救牠。水只有膝蓋這麼深，我涉水跑過去。那是條大約四呎長的小鱷魚，因為水淺，牠沒法把狗淹死。我過去把牠嚇得鬆了口，狗就逃脫了。可是那可憐的跛腿狗還沒逃到岸邊又被咬了，於是我拿著刀趕過去，但手臂反被鱷魚一口咬住。如果這條鱷魚再壯一點，那可能就是我而不是我的狗被吃了。」

雖然大家說泥沼中鱷魚多得是，而且常常長達九或十呎，但在我整個旅程中，我只看過一隻。另外，許多報導也說，牠們極凶惡，常常攻擊船上的人。這些南方海岸泥水中的獨立居民絕不是人類的朋友，不過我聽說，有一隻幼小時就被捕獲的大傢伙經過訓練已略通人性，被套上挽具做工。

許多善良的人認為鱷魚是惡魔的產物，因為牠們吃所有的東西，又長得難看。但是毫無疑問，這些生物很快樂，而且把造物主指派給牠們的地方住滿了。在我們看來，牠們凶猛又殘酷，但在上帝的眼中牠們一樣是美的。牠們也是上帝的子民，因為祂聽著牠們的嚎叫，祂溫柔地照顧牠們，也提供牠們每天的食物。

在上帝的動物大家庭裡，憎恨的存在想必經過精心安排，就像礦物界中保持平衡的相吸或相斥。在相容上，我們是多麼自私又自負的東西！對其他物種的權利，我們又是如此視而不見啊！在提到與我們同等的生靈時，我們是多麼不敬啊！雖然鱷魚、蛇之類的東西很自然地與我們敵對，但牠們並非神祕的惡魔。牠們快樂地居住在這個多花的荒野，也是上帝大家庭的一部分，不墮落，不敗壞，被上帝以同樣的溫柔眷顧，也被施予和天上的天使及地上的聖人相等的愛憐。

我認為常縈繞我們的大部分憎惡，來自於病態的無知與懦弱。現在看到了這些鱷魚的居處，我對牠們就有較好的看法。你們這些偉大蜥蜴古族的高貴代表們，願你們永遠享受你們的水蓮及燈心草，並能偶爾享用一口嚇得半死的人類的美味！

今天在陽光充足的乾燥地方發現一株漂亮的石松屬植物（lycopodium）以及許多種草類，這些地方有的被稱為「不毛之地」，有的又被叫著「圓丘」或「大草原」等。蕨類很茂盛。在這些開闊或枝藤糾結的美麗樹林裡，每天湧進多少的熱與光啊！我們總是說，「陽光的南方」，可是在我們變化多端的國土上，並沒有任何地方比這裡更多蔭。許多陽光普照的平地與草原，阻斷了北部與西部連綿不斷的森林，而那些森林大部分也是光亮的，陽光由葉間穿入或者透過葉子溫柔投射到地面或低矮的植物上。可是濃密的佛羅里達森林是陽光穿不透的。它照射到常綠的森林屋頂上，然後反射成千絲萬縷的銀光。在許多地方，陽光甚至無法提供漆黑林地上一片綠葉所需的光亮。眼睛所能看到的只是錯綜複雜的樹幹，以及光禿彎曲的藤莖。所有的花朵，所有的青綠朝氣，所有的奇異美景，都在光亮之處。

佛羅里達州的溪流都還很年輕，很多地方都溯不到源頭。我估計這些溪流因為其中生長的植物水色會有些變化，我也確定，由於這裡如此平坦，我不會找到大瀑布或長急湍。喬治亞州北部的溪流，有些是無法接近的，因為岸邊藤蔓過於茂盛糾纏，雖然如此，河岸還是高而明顯。佛羅里達州的河流卻沒有河岸斜坡或清楚的河道。深水處的水有如墨般黑，完全不透明，而且表面像塗了亮光漆般光亮。常常很難看出它們是往哪個方向流，它們流速緩慢，流域範圍廣大，穿過樹林中的枝藤與泥沼。對我而言，這裡的花大都是陌生的，但並不甚於河川與湖沼。大部分河川似乎都知道自己的流向，計畫奔流到遠方；但佛羅里達州的河流卻留在家裡，停滯不前，似乎不知有所謂的大海。

十月十七日。發現一棵十呎高的小銀葉玉蘭。經過許多哩長著稀疏松樹的平坦開闊荒野，陽光充足一如威斯康辛州的「曠野」。這裡的松樹頗小，稀疏但間隔均勻地生長在這片才從海中升起不久的平坦沙地上。在松樹附近很少發現其他品種的樹。但有一些小鋸櫚草叢，以及一片美麗高長的草叢，後者有漂亮的圓錐花序，優雅地迎著暖風搖擺，在彎曲草莖反射出的銀光中加入了和諧的變化。

在這兒，這些端莊的草本植物隨風搖擺的美姿如此優雅，沒有一棵松或一株棕櫚足堪比擬。這裡有一大片美麗的紫圓錐花序，那邊則綻放著如熟透柑橘般的金黃花，草莖則有如鋼條般光亮。有些品種長成一堆，有如樹林，有的卻孤單無伴地搖擺著。有些枝葉茂盛如肯塔基橡樹，有些又只是在光禿的長莖上垂著幾吊小穗。不過，它們的美完全無法以言語形容。我真高興上帝「為原野的草，穿上了如此美麗的衣服」。十分奇怪，我們對小東西的美麗與顏色、形狀與姿態，是多麼盲目啊！譬如，我們以自身的大小或樹木的高度與粗壯來衡量草。可是超越一株草的最偉大的人或最高的樹又是多大呢！比較上帝創造的萬物，它的差異是零。我們都只不過是顯微鏡下的微生動物。

十月十八日。走在幾乎是乾的地上。完全平坦的地面偶爾被幾呎高的沙浪打斷。聽說全佛羅里達州沒有任何一小點地方超過海拔三百呎——這塊土地要造路只需略微鏟平，但要造橋或鑽過森林就得費番工夫了。

在抵達樹林中這塊孤寂潮濕的開闊地方之前，我碰到了一個粗壯的年輕黑人，他用充滿好奇又炯炯有神的雙眼瞪著我。當時我很渴，就問這人附近有沒有人家或泉水可以讓我取得水喝。「哦，有。」他回答道，但還是邊用狂野的眼光急切打量著我。然後他問我從哪裡來，要到哪裡去，為什麼會到這個很可能被搶或被殺的原始地方來。

「喔，我不怕任何人搶我，」我說，「因為我沒帶任何值得搶的東西。」「不錯，」他說，「可是你不可能不帶錢旅行。」我開始往前走，可是他擋住了我的路。然後我注意到他在發抖，我這才閃過腦際，他是想把我撂倒，然後搶劫我。在注視我的口袋像是搜索武器之後，他以顫抖的聲音結結巴巴問我：「你帶了槍嗎？」他的動機現在很明顯了，其實我早該看出來。雖然我沒有槍，我直覺地把手伸到放槍的口袋裡，兩眼盯著他向前一步說：「我讓別人自己發現我有沒有帶槍。」之後，他畏縮地退到一旁讓我過去，怕我射殺他。這回真是千鈞一髮的驚險脫逃經驗啊！

再往前走了幾哩，我來到一片棉田，還有一塊塊小心圍起來的甘蔗田，外加幾棟有庭園的漂亮房子。這些有圍籬的小塊田地，就像把鳥關在鳥籠那樣把植物關了起來。在一個庭院裡發現到一棵樹般大的仙人掌；沙丘上有很多同種小仙人掌。夜晚抵達簡斯維爾。

在離城三、四哩的松樹林裡，我注意到有燈光。由於我十分渴，就冒險前去，希望能討到水喝。我非常小心，不發出一點聲音地潛行過草地，想先確認是否是黑人強盜們的營地。突然，出現在我眼前的是一片光亮，以及一處不管在城市或樹林中我都沒見過的最原始居所。首先是一大堆木塊升起的熊熊烈火，照亮了覆蓋的樹叢及林木，把樹葉及小枝勾畫得像正午時那樣清晰，而周圍的樹林也顯得更加黑暗。在這光亮的中心，坐著兩個黑人。我可以看到他們象牙白的牙齒在雙唇間閃光，光滑的雙頰也像玻璃般反射出亮光。除了在南方，不管在哪裡，這對發亮的人兒肯定會被認為是怪物，可是在這裡，只不過是一對黑人夫妻在用晚餐。

我試圖趨前到這對滿面歡愉的黑人面前，在經過連獅子都會退縮的久久凝視之後，黑暗的一角遞來了一瓜瓢的水。我在大火邊站立了一會兒，注視著那不能再原始的住處，並尋問去簡斯維爾的路。突然，我的注意力被餘灰中的一團黑色物體所吸引。看起來是橡皮做的東西；但我還來不及做多餘猜測，那女人就彎身俯向那黑物件並以母親特有的仁慈聲音說道：「來吧，寶貝，吃你的玉米粥吧。」

一聽到「玉米粥」，這堆橡皮大動了起來，原來是個粗壯的小黑男孩，像是由地裡長出來般赤裸裸直起身來。如果他是從黑色污穢的泥沼中出現，我們很容易會以為上帝直接用泥土打造了他，就像當初造亞當那樣。

當我出發前往簡斯維爾時，我想，我可以肯定我現在是到了熱帶，那裡的居民除了自己的皮膚外不穿任何東西。這樣的確夠簡單——就像英國詩人米爾頓所說的「沒麻煩的裝扮」——可是這肯定與大自然並不調和。鳥兒們有巢，大多數野獸也為牠們的幼獸築窩；這些黑人卻讓他們的孩子赤身躺在無遮蔽的泥地上。

簡斯維爾和其他村落比較起來頗具吸引力——像沙漠中的綠洲。它的繁華來自附近的幾座農莊，這些農莊坐落在從泥沼中升起幾呎、像島般的乾地上。我在一間所謂的旅店得到了食宿。

十月十九日。幾乎一整天都在乾地上。碰到了石灰岩、燧石、珊瑚、貝殼等等。經過幾座茂盛的棉花農莊，上面有漂亮舒適的住宅，與我第一天到佛羅里達時見到的簡陋污穢茅舍形成強烈對比。發現一株漂亮的植物樣本，這株小植物很奇怪的讓我立刻想起印地安納州的一個年輕朋友。我們的思想與印象是多麼奇妙儲存在腦裡啊！只是朝一朵花瞥一眼，有時卻控制了最偉大的神奇造物主。

玉蘭在這裡十分繁茂，長成濃密的叢林，幾乎獨占了泥塘的周圍及溪流的兩岸。洋玉蘭這種高貴樹木形態簡單，平滑的葉片天生有濃鬱的色彩與形狀，伸展的枝幹被優雅的藤蔓及樹蘭妝點，燦爛紅豔的果實、白色清香的美麗花朵，都使它成為佛羅里達州最受喜愛的樹木。

發現許多美麗的蓼科植物（*polygonum*），以及黃色豆科藤蔓。經過一些陽光充足的區域，長著長葉松及古巴松，還有到處都是的美麗小草及一枝黃花。聽說野橘林在此很普遍，可是我只見到青檸樹在林中胡亂生長。

近午時分來到一棟小茅屋前，由於又累又渴，我詢問主人能否招待些餐食。在嚴肅盤問後，他叫我等著，說食物馬上就準備好。我只見到一個男人與他的妻子。如果他們有孩子，他們很可能因為沒穿衣服而躲在野草間。這對夫妻都染有瘧疾，又很髒。但他們對這髒和病好像沒有什麼明顯的不舒服。這些人的髒，不像北方的髒是一塊塊像水泥或油漆般附著在皮膚上，而是像半透氣的黏濕泥信封，半黏在皮膚上，是我所見過最不可救藥的髒，顯然這是來自長期的傳統。

這樣的父母養出來的孩子永遠不可能乾淨。骯髒與疾病，單單一項就夠糟了，兩者加在一起簡直是恐怖到了極點。洋溢著百里香或忍冬香氣的乾淨居處，在這裡幾乎是沒聽過的事。我看過髒在衣物上成形的過程，毫無疑問，不同的層次代表不同的生活階段。有些或許就像樹的年輪般是一年年加上去的，可以決定人的年紀。人及一些高等動物是唯一會變髒污的生物。

睡在一根大圓木旁的荒地上，被露水浸得又濕又冷。這些孤寂的夜晚若有個伴該多好啊！不敢生火，怕招來搶劫的黑人，人們警告我，這些黑人會為了一、兩塊錢殺人。夜幕降臨後還走了一長段路，希望能找到人家。很渴，常常不得不在草叢裡找水塘，喝那黏滑的髒泥水，還怕眼前出現鱷魚。

十月二十日。這天行程中碰到的泥沼都很濃稠。幾乎是被水生樹木及藤蔓蓋住的連綿水澤。我今天所經過的溪流似乎完全不知道自己的流向。看見一隻鱷魚從路邊一根老木段旁游進長滿蘆葦的棕色泥水中。

晚間抵達席慕思上尉的家，他是我在佛羅里達州碰到少數受過教育的智慧人士。戰時他曾是南軍的軍官，對北方明顯懷有成見，雖然如此，他對我十分仁慈有禮。我們坐在爐火的光影中談話，話題只有一個，就是奴隸制度及伴隨而來的問題。不過，我想法子轉換成至少有機會意見相通的話題——附近的鳥兒、動物、氣候，以及這些地方春季、夏季和冬季的樣貌。

關於天氣，我無法得到更多資料，因為他一直住在南方，當然，他對一直習慣的氣候說不出任何異樣。但是一提到動物，他立刻顯得極有興趣，告訴我許多發生在他家附近森林，從大熊、飢餓的鱷魚、受傷的野鹿等動物口中間不容髮逃脫的故事。「啊，現在，」仁慈的他忘了我是從他憎惡的北方來的，說道：「你必須在這裡盤桓幾天。這裡鹿很多。我借你獵槍，我們一起去打獵。我想吃鹿肉的時候就去打獵。在這附近的林中獵鹿，就像牧羊人從他的羊群中取羊肉那樣簡單。也許我們會碰到熊，這裡也不少，還有一些大灰狼。」

我表示希望能看見幾隻大鱷魚。「喔，行，」他說，「我可以帶你去有一大堆這些傢伙的地方，可是牠們沒有什麼好看。我有一次清楚看到一條鱷魚躺在靜止的清澈水底，我覺得牠的眼睛冷酷又殘暴，我所見過的其他動物根本沒得比，讓我難以忘懷。許多鱷魚由島嶼間游入大海。這些海鱷最大也最殘暴，有時人們出海捕魚時，牠們會用尾巴攻擊船上的人。」

「還有一樣東西我希望你能看到，」他繼續說道，「就是離這裡幾哩遠的一座肥沃土丘上的美洲蒲葵林。那林子有七哩長，三哩寬，地上長滿了長草，沒有灌木叢，也沒有其他樹種。那是我所見過最美的美洲蒲葵林，我常常覺得那會是藝術家的好題材。」

我決定留下——比起打獵，更希望見到土丘上的美洲蒲葵林。除此之外，我頗為疲倦，在如此多個不得安眠的夜晚及白天的長途跋涉之後，我迫切盼望能休息一下。

十月二十一日。聽夠了我健談主人無數血淋淋的打獵故事，吃夠了豪華的新鮮鹿肉及海魚早餐後，我朝蒲葵林出發。在我穿越佛羅里達的路程中，每天都會看到這些炙陽下長大的孩子，不過通常都是單獨一個，或三、四個成群站著，今天卻看到一長串。上尉帶我穿過他的玉米田走了一小段路，指點我一條小徑可以把我帶到土丘上的蒲葵林。他約略指了方向，我在羅盤上做了記號。

「你看，」他說道，「在我最遠的那塊田的另一邊有一片圓葉菝葜，你只要沿著小徑走就能穿過它。你會發現這條路很不清楚，因為它必須穿過一個大泥沼，小徑在很多地方必須突然轉彎，好避過深水坑、斷落的枝幹或穿不透的濃密樹叢。有很多時候你還得涉水，而穿越這些水澤時，你得多提神，別錯失對岸小徑再現的地方。」

我設法穿過那片菝葜，它的堅韌猙獰不亞於田納西州的菝葜叢，小徑幽暗蜿蜒，很多地方要涉水，然後又突然在對面茂密的黑暗泥沼森林出現，最後終於站在開闊又陽光普照的蒲葵園邊緣。那片地長滿了等齊的草類和莎草，平坦得像草原，點綴著美麗的花朵，周圍很明顯圍了爬滿藤蔓的樹木，彷彿特地開

佛羅里達的美洲蒲葵林——赫柏．傑布（Herbert K. Jobb, 1864-1933）攝

墾出來的。

這些蒲葵是這裡的唯一主角，似乎十分享受這陽光充足的家園。這裡完全沒有互相推擠的情形，也沒有誰爭著搶第一壯或第一高的頭銜。每棵樹都得到充分的陽光，樹間的地上也一樣。我漫步沉醉其間。多美的景致啊！眼光所及之處全是蒲葵！一根根光滑的樹幹由綠草地上升起，頂端是圓形葉片，在陽光下閃耀如星星。它所帶來的寂靜與平和，與我在加拿大黑暗孤寂的松樹林所發現的一樣深沉，而不管是這個原始鱷魚之鄉的人民，還是快樂、健康的北方人民，人類從上帝所創作的登峰造極植物上所獲得的滿足，都是同等深刻。

受人尊敬的十八世紀瑞典植物學家林奈（Carolus Linnaeus）稱棕櫚為「植物界的王子」。我注意到它們的特徵中有莊嚴高貴的氣質，而且有一些棕櫚看起來遠比這些還高貴。不過在我眼中，它們還是次於橡木與松樹。棕櫚的姿態與擺動並不十分優雅。當它們完全不動地站在正午沉靜炙烈的陽光下時，姿態最為令人讚嘆，但它們會隨著傍晚的微風沙沙搖擺。我看過青草擺動得遠比它們有尊嚴。而當我們北方的松樹在冬天的暴風中恭敬低頭擺動時，這些想讓它們臣服階下的棕櫚王子又在哪裡呢！

這個棕櫚會的成員大大小小，枝幹的粗細也各有不同，但頂端的樹冠卻都相似。在成長時最後的芽頭最為重要。這類棕櫚的幼苗出土後就全速生長，一組葉子向四下彎垂，形成直徑十至十二呎的圓球。下層的外圈葉子會漸漸枯黃、掉落，葉柄在離枝幹幾吋的地方橫向剝落。新葉長得非常快，它們先是直立著，當葉片漸漸長大、葉柄變長時，就會向外彎曲。

新葉不斷由大葉芽的中心長出，老葉則由外圈開始掉落。因此樹冠一直保持差不多大小，或許比剛出土幼苗的樹冠稍微大一點。當中心主幹慢慢長成直徑六至十二吋時，樹冠就在頂端跟著上升。枝幹上下粗細一樣，幼時因葉柄的剝落而表皮粗糙。但這些折斷的葉柄會在成長過程中掉落或消失，枝幹就會變得像在車床上磨過那樣光滑。

我在這迷人的林中盤桓數小時後，考慮到通過泥沼及荊棘的困難，在天黑前開始回程。先前尋找植物時沒留意，偏離小徑太遠，我離開蒲葵林進入藤蔓糾結又半浸在水中的森林後，仔細找了好久卻始終找不到小徑的蹤跡。不過，我回想了一下早上出發的方向，拿出隨身攜帶的羅盤，開始以直線穿越泥沼。

當然，穿過或直立或斷落或半倒的交錯枝幹及樹叢，使我又痠痛又疲憊，更甭提糾結的藤蔓，以及藤蔓上無數如精良軍隊的長茅般尖刺，以及藤蔓的長度和無數的花朵。但這些都不是我最大的障礙，滿是枯葉及鱷魚的水塘和潟湖也沒嚇到我，最讓我筋疲力竭的是堅韌的圓葉菝葜。我知道我必須在天黑前找到那一溜小徑，否則就會既無食物又無營火地與蚊蟲及鱷魚共度一晚。整個路途並不遙遠，但在開闊地區旅行的人是無法想像在這南方多刺、泥濘又無路徑的荊棘叢中摸索有多困難，尤其是在漆黑的時刻。我努力掙扎，盡量保持方向不偏離路線，除非看到很特別的植物而想採集標本，或者是樹叢太高、水塘或潟湖太深時必須繞道。

在涉水時，我從不企圖保持衣服乾燥，一來是水太深，二來是必要的防護太花時間。如果涉過的水塘清澈透明，那就沒有那麼困難了。可是，像現在這樣，我必須保持警覺，格外留神，以免一腳踩到鱷魚身上。水色的不透明也使我無法確定水的深度，增加了很多困難。許多時候在涉水走了四、五十碼後又被迫回頭，嘗試很多次後才能通過一座潟湖。

我在泥水中跌跌走走好幾哩後，到達了濃密圓葉菝葜鎮守的營地，它們以雄偉陣形守衛這整個森林，綿延無盡地阻攔我開路前進。老天啊！我早上來時的小徑還沒找到，夜已漸降臨。我來回蹣跚地找開口處，卻一無所獲。甚至連可供休息的一小溜乾燥處都沒有。泥沼中到處是長菝葜覆蓋的藤蔓與樹叢，中間連落腳的縫隙都沒有。我開始打算在樹上搭個臨時支架度一晚，但決定再努力找一回那窄徑。

我定下心來集中注意力回憶路徑後，朝荊棘帶的左邊探索過去，蹣跚走了大約一哩路，滿身大汗又傷口無數的我，終於找到了那條救命的小徑，逃到了乾燥地，也躲過露宿的夜晚。在日落時抵達上尉的家。晚餐吃了牛奶、玉米餅及新鮮的鹿肉。為我的好運及在森林中的收穫得到祝福，接著是疲憊不堪和安全歷險歸來後的沉睡。

十月二十二日。今晨，我輕易地被上尉及一個暫居這裡的前法官以壓倒性優勢拖去獵鹿。在生長著長草及花朵的野地上亂逛，十分愉悅。嚇到了一頭鹿，但沒發一槍。上尉、法官及我各站在鹿群出沒路徑上的不同位置，上尉的一個兄弟則到林中把鹿趕離隱蔽處所。一隻被他驚動的鹿跑向以前鹿隻從沒跑過的方向，於是這鹿被詛咒為「沒被射殺的『混』蛋」。在我看來，為消遣而戮殺上帝創造的牲畜才是「混」帳。「牠們是為我們而生的，」這些自許的宗教人士會說，「是為了做為我們的食物、娛樂工具或一些還沒有發現的用途而生的。」事實上，我們該為一隻咬殺一個不幸獵人的大熊這麼說：「人及其他兩足動物是為熊而生的，謝謝上帝賜予我們又長又利的爪及牙。」

一名基督徒獵人到上帝的林中獵殺祂照顧的野獸或印第安土著，總是被認可；而在這些命中注定的受害者中若有一個較進取的，到屋子裡或田野裡去殺死這直立行走、上帝般的殺手中最沒有用的人，就會被說成是——哦！這是可怕的反傳統，是駭人聽聞的印第安人謀殺事件！唉，我對自私的文明人沒一絲憐憫，如果有一天野獸與人類開戰，我會去同情大熊。

【注釋】

1 作者出生在蘇格蘭登巴鎮，他在這裡生活了十一年，隨後才全家移民美國。

2 海島棉（sea-island cotton）：又譯作海島木棉，果實是世界上最優良的棉纖維，一七八六年於美國喬治亞州聖西門島（Saint Simon Island）栽種成功。海島棉的纖維非常細長，強度也特別高，是紡織纖維的上上品。以海島棉織造的衣服有極佳的觸感及良好的透氣性與吸汗力，且衣物色彩亮麗鮮明。

3 這是美國第一位猶太裔參議員大衛．列文尤里（David Levy-Yulee, 1810-1886）在一八五〇年代所建造的橫貫佛羅里達州鐵路，從費南迪納通到香柏嶼。

4 聖經裡，雅各因與兄長以掃發生衝突而被父親以撒打發走後，來到乾燥的巴旦亞蘭平原，他在這兒夢見神從天梯下來賜與他應許之地。見〈創世紀〉。

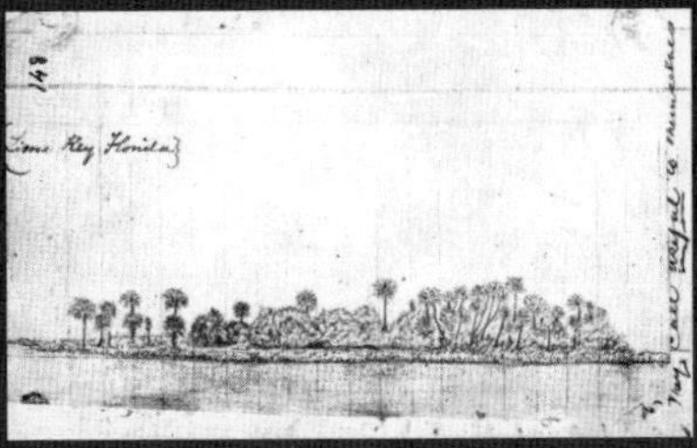

第六章　香柏嶼

十月二十三日。今天我到了海邊。當我還在幾哩外的棕櫚林時，我就聞到了海風的鹹味，雖然我已多年住在遠離海風的地方。這味道讓我突然想起了登巴鎮，它的岩岸與風浪，以及那似乎早就完全消失於新世界的整個童年；但就在佛羅里達的林間，一嗅到海的氣息，這些記憶突然全部重現了。我忘了包圍著我的棕櫚、玉蘭及成千成百的花朵，只看到紅藻與海草、長翅膀的海鷗、福斯灣的鱸魚岩（Bass Rock），還有古堡、學校、教堂，以及為了找尋鳥巢的冗長鄉間漫步。我一點都不懷疑，從烤焦的非洲沙漠來的疲累駱駝，可以嗅出尼羅河的氣息。

那些悸動人心的記憶是何等難以忘懷啊！我們無法忘記任何事情。記憶可以用意志力驅除，可以沉睡長久，但一旦被恰當的因子激起，即使是很輕微的騷動，它也會一瞬間絲毫不差回復過來。我的視覺被森林黏住了十九年，可是今天，我從層層熱帶植物中冒出頭來，看到了延伸到天際的墨西哥灣。當我一動不動站在海濱，凝視這寸草不生的光亮平原時，腦中升起的冥想是何等如夢似幻啊！

但到了海邊我卻碰到了難題。我已到了無法再徒步前行的地點，香柏嶼（Cedar Keys）只有一個空蕩蕩的港灣。我該繼續往半島的南部走，到我確定有船的坦帕（Tampa）或西嶼（Key West）找船去古巴，還是在這裡等待，像魯賓遜那樣禱告有船出現。我懷著滿腦子的想法，走進了一家生意不錯、賣奎寧、鱷魚皮、響尾蛇皮的店，詢問有關船運、旅行的交通工具等事宜。

店主告訴我，靠近村落有幾間鋸木場，其中一家有營業的租了艘帆船，好運送一批木頭去德克薩斯州的加爾維斯敦，現在正在等船來上貨。這家鋸木廠坐落在離香柏嶼幾哩海岸邊一塊延伸出來的土地上。於是我決定去見廠主赫德森先生，詢問有關這艘帆船的確切消息，上貨花多久時間，以及我是否能搭便船等事情。

在鋸木廠見到了赫德森先生。陳述了我的情形之後，他很仁慈地給了我所要的資料。我決定花兩星期等船啟航，一旦抵達花朵遍地的德克薩斯平原，我想那裡的任何港口都很容易找到去西印度群島的交通工具。我答應出發前在赫德森先生的鋸木廠工作，因為我身上的錢所剩不多。他邀我到他家，那房子又大又寬敞，坐落在一座貝殼丘上，視野極好，可以看到海灣和許多零星小島；這些被稱為「島嶼群」的棕櫚小島像巨大花束般點綴著海岸——不過，對浩瀚的大海來說，它們一點也不大。赫德森先生的家人以毫不保留的熱誠歡迎我，這是南方較高階人家的特性。

鋸木廠中的主要驅動滑輪換了新蓋板，可是蓋板是用粗木板製成，需要關閉機器，磨光木板。他問我是否勝任這個工作，我說可以。架好檯架並用一把舊銼刀做成工具後，我要工程師開啟引擎慢慢運轉。等關閉驅動滑輪並對準位置後，我先為那把普通木匠的刨刀換了片利刃，就很快完成了工作。在一名雇工的寄宿屋得到一個床位。

第二天，當我在海邊找植物時，一股奇怪的昏暈加頭痛突然襲來。我想，在海水中泡一下可能有助於消除疲勞，於是跳進海中游了一小段距離，可是這使我感覺更糟。我很想吃酸的東西，於是回村裡買了幾顆檸檬。

於是，就在這裡，我的長途旅行中斷了。我以為只消幾天的航行就會把我帶到德克薩斯州名聞遐邇的滿地花草中。然而，等待的船來了又走了，而我無助地發著高燒。我一到海邊的那天，就開始被無法抵擋的沉暈弄得疲憊不堪，我堅持了三天，在海灣中泡水，在海岸邊的棕櫚、植物及奇異貝殼間勉強蹣跚漫步，還在鋸木廠中做了些工作，試圖消除不舒服的感覺。我並不怕生大病，因為以前從沒有過，也就壓根覺得沒必要在意。

可是越來越令人無法忍受的高燒一直持續著，很快消耗盡我的體力。就在抵達此地後的第三天，我已無法進食，只想吃酸的東西。距離香柏嶼只有一、兩哩，我設法走去買檸檬。中午回程時，高燒像暴風般襲擊我，我掙扎走回鋸木廠，卻在半途倒在短莖薩巴爾櫚林中的窄徑上，不省人事。

等我從高燒的昏睡中醒來，已是星光閃閃，我弄不清該往小徑的哪一頭走，很幸運，後來發現我猜對了。接著，每走一百呎左右，我就不支摔倒，接連摔倒幾回後，我開始很小心地把頭朝鋸木廠的方向倒下。我在昏昏沉沉中跌跌爬爬，不知有多少次，在短暫的清醒時喘息掙扎。一直到了午夜後才回到鋸木廠的寄宿屋。

值夜的人發現我倒在樓梯邊的一堆碎木屑上。我請他扶我上樓到床上去，可是他以為我只是喝醉了，拒絕幫我忙。鋸木廠的人，尤其是週末晚上，常常從鎮上喝得爛醉回來。這是值夜的人拒絕的原因。我知道我必須上床睡覺，於是竭力掙扎，手腳並用，才顫抖著爬到床上，很快就完全不省人事。

我不知何日何時醒了過來，聽到赫德森先生問一個守在我床邊的人，我有沒有開口說話，此人回答道還沒有，赫德森先生說：「那你必須一直灌他奎寧。這是我們唯一能做的事。」我不知道自己昏迷了多久，必然有好些時日。這中間某一天，我被用馬從鋸木廠的寄宿屋移到赫德森先生的家中，在那兒，赫德森夫婦持續不斷地仁慈照顧了我三個月，我得以撿回一命無疑歸功於他們的調養與看顧。大量的奎寧與甘汞，還有一些較溫和的藥物，使我的瘧疾轉成了傷寒。我夜間盜汗，雙腿由於浮腫變得像柱子般僵硬。如此直到一月，我渾身虛弱不堪。

一等可以起床行走，我就悄悄走到樹林的邊緣，日復一日坐在垂著鐵蘭的櫟屬橡樹下，觀看鳥兒們在浪潮退去時覓食。後來，當我稍有力氣時，便乘坐小舟由一座小島遊到另一座小島。這裡幾乎所有的灌木與樹木都是常綠的，而且許多較小的植物整個冬天都開著花。香柏嶼的主要樹木有檜柏、長葉松及櫟屬橡樹。最後者，不論是死的還是活的，都滿垂著鐵蘭，就像邦納凡恪墓園那樣。這種櫟屬橡樹的樹葉呈橢圓形，約兩吋長，四分之三吋寬，正面呈光滑的墨綠色，葉背淺白。樹幹通常分岔得很厲害，完全無法追蹤源頭。對頁（編按：指原日誌的對頁）的標本原長在赫德森先生家前院。那是棵老祖宗，遠在西班牙的造船人砍伐這高貴品種前，它的頂冠就在蔚藍的天空下閃閃發光。

在這些島嶼上，櫟屬橡樹、長葉松及美洲蒲葵三分植物王國，但在美國大陸上許多地方，櫟屬橡樹獨居鰲頭。跟邦納凡恪墓園的櫟屬橡樹一樣，這些櫟屬橡樹的上半段分岔樹幹上寄生了無數蕨類、小草及小鋸櫚草等植物。這裡還有一種矮種橡樹，形成濃密的樹叢。這些島嶼上的橡樹，不像威斯康辛曠野那樣立在斜草坡上，而是腰部以下淹沒在繁花點點的玉蘭樹或歐石南叢中。

在我長期寄居於此療養期間，我常常整天躺在這些大樹的粗大枝幹下靜聽風聲與鳥語。附近海岸邊有一處寬闊淺灘，每天退潮時就顯露出來。這是成千上萬種各式大小、羽毛、聲音的禽類的爭食場，當牠們一大家族聚集在一起分食大自然每天提供的豐盛食物，著實譜出了一幅生動的畫面，喧鬧程度也非比尋常。

漲潮閒暇時，牠們以不同方式在不同處所消遣。有些一大群飛到島嶼沿海蘆葦帶，站著吵鬧或划水做運動，偶爾還找到一嘴吃食。有些站在安靜海邊的紅樹枝上，偶爾把頭伸進水中追逐魚兒。有的則遠飛到內陸的溪流及小湖去。少數莊重的老蒼鷺會獨自停在牠們喜愛的橡樹上歇息。我很喜歡看那些羽毛潔淨的白色老水鳥昂首站在鐵蘭串的垂簾後打盹，消磨兩次退潮間的無聊時光。

白鬍隱士從黑洞中茫然地向外凝視，比起其他同類，牠們顯得更端莊神祕。

這些島上的特殊植物之一是刺葉王蘭，它是絲蘭屬植物（yucca）的一種，約八至十呎高，完全長成後樹幹直徑達三、四吋。它屬於百合科，花苞的頂端長成手掌狀花朵。肥大的葉子非常堅硬，頂端尖銳，有如槍刺。人如果被這種葉子刺到，受傷的程度不亞於真的槍刺；對那些天黑後膽敢穿過這些武裝樹叢的倒楣遊蕩者來說，它們可是一大威脅。許多不同種類的帶刺草會磨破他們的衣服，刺破他們的皮肉，而短莖薩巴爾櫚會鋸斷他們的骨頭，刺葉王蘭則會劃過他們的關節與骨髓，絲毫不憐憫他們是偉大的人類。

這些珍奇小島的氣候，相較北方的冬季與夏季時節，只能區分為較熱與更熱的夏季。兩種夏季之間天氣變化不大，少有大暴風雨或其他不同的氣候。在十二月，白天平均溫度在涼蔭處約攝氏十八度，不過有一天居然下了點濕雪。

香柏嶼的直徑約有兩哩半至三哩，最高點距平均潮水面四十四呎。它被許多小島包圍，其中許多島像是一堆堆棕櫚，它們被安排像一束很有品味的花，浸在水中以保持新鮮。還有一些島上則分布美麗的橡樹與檜柏，被漂亮的藤蔓連接。更有一些島則是貝殼與一些草類和紅樹林組成，外圍是一圈燈心草。那些外圍莎草叢生的島，常成為無數水禽喜愛的棲息處所，尤其是鵜鶘，常把海岸弄成一片白，像是水花濺起的泡沫。

觀察這些長羽毛的小人兒由林中和蘆葦島飛來集結是件愉快的事；蒼鷺似浪頭般雪白，或天空般蔚藍，以穩重的翅膀搧去濕熱的空氣；鵜鶘帶著小提籃來裝食物，這些眾多空中小水手像燕子般輕盈飛掠，在大自然的家庭餐桌上優雅的占取一席之地，分得每日的食物。多麼快樂的鳥兒們啊！

反舌鳥不僅外形端莊，歌聲更美好，羽毛樸素，習性平和，常常像知更鳥般到窗台邊覓食——高貴的小傢伙，人人都喜愛牠。冬天野雁很多，跟黑雁類似，有些種類我在北方沒見過。還有一群群知更鳥、北美斑鳩、藍知更鳥，以及歡樂的褐噪鶇，外加一大堆體型更小的鳥，牠們都是歌聲美妙的聲樂家。這裡也有烏鴉，有些鳴聲有外國腔調。常見的山齒鶉一直南至喬治亞州中部我都

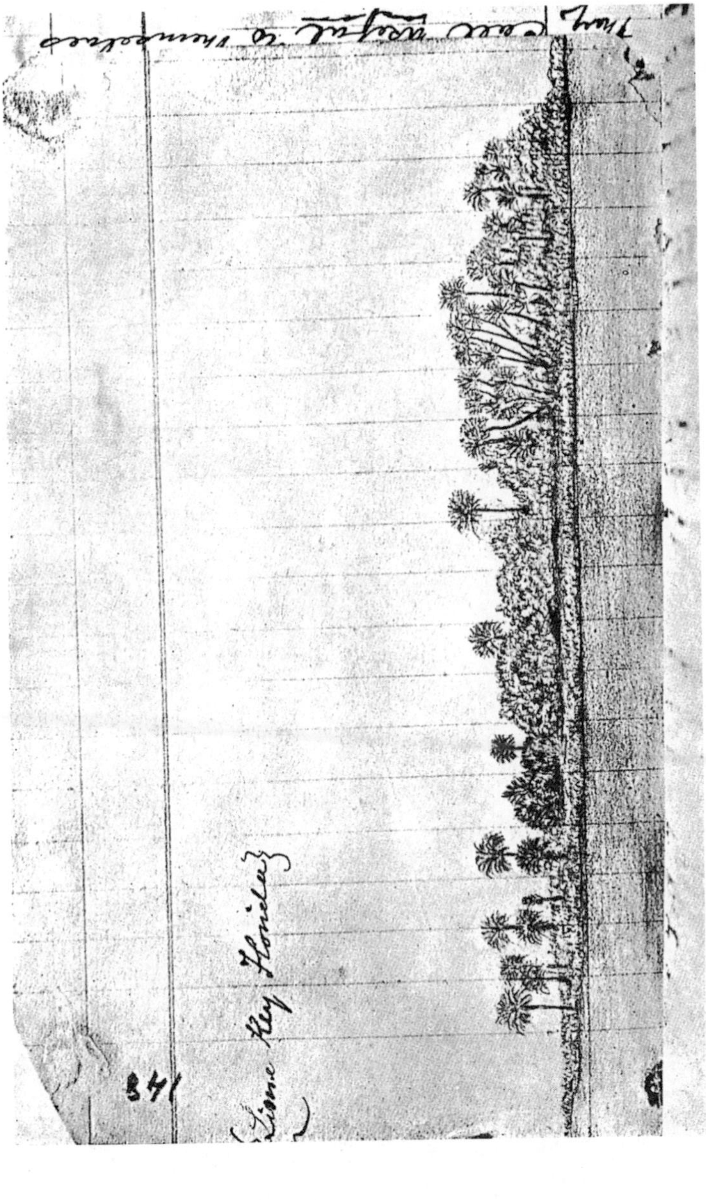

佛羅里達州萊姆嶼素描——取自謬爾先生筆記本原稿

見到。

對頁中描繪的萊姆嶼（Lime Key）在佛羅里達州的這段海岸是很平常的小島。對頁（編按：指原日誌的對頁）描繪的一截仙人掌（*Opuntia*）乃來自上述島嶼，而且在那裡產量很豐盛。它的果實長約一吋，被收集後製成漿汁，有些人很喜歡。這種植物多刺，長得濃密，無法穿越。有一段節點我量了量，有十五吋長。

佛羅里達州的內陸不如這些島嶼有益人體健康，不過，不論是這段海岸或由馬里蘭州到德克薩斯州的平緩沿岸，都不能免於瘧疾的侵襲。所有這區的居民，不論黑白，都很容易被持續高燒或冷顫弄得衰弱不堪，更別提像暴風雨般突然來去的霍亂及黃熱病，它們像颶風施虐樹林般殘傷人類，降低人口數，甚至造成人口斷層。

我們被告知世界是專為人類而造的——這是沒有事實根據的假設。許多種人，當他們發現，在上帝創造的宇宙中有任何東西不論死活無法被人或吃或用，也就是沒法對人類產生用處，就會感到驚訝頹喪。他們對造物主的原始意圖有精密的理論，當他們對「他們的」上帝不恭敬時，並不比異教徒更覺得罪惡。他們被認為是有教養、守法的紳士；或許喜歡民主政府，或許偏愛有限制的君主政體；他們信賴英國文學及語言；十分支持英國憲法、主日學及宗教社會；他們十足像便宜戲院裡的木偶，被塑造成一個物件。

如此來看造物主，當然就會對祂所創造的萬物有錯誤的看法。舉個例子來說，對這類被塑造過的人類，羊是個很簡單的問題——牠是為「我們的」衣和食而生，由於在伊甸園中偷食了禁果，導致人類對羊毛的需求，而羊吃草和白雛菊全是為了這注定的神聖使命。

同樣取悅人的計畫，鯨魚的存在是為我們儲存魚油，幫助星星為我們在黑暗中照明，直到賓夕法尼亞州的油井被發現。以植物來說，不提穀物，大麻明顯是用來製作船的纜索、包紮物件及吊死罪犯用的。棉花是另一個為衣而生的東西。鐵是為了製犛與鎚，鉛是為了做子彈；所有這些都是為了我們人類。其他一些不重要的小東西也是一樣。

但是，如果我們問問這些自以為是的上帝旨意解說者，那些把活生生的人吃得滋滋作響的猛獸——像獅子、老虎、鱷魚又怎麼說呢？還有無數咬人肉、食人血的有毒蟲蟻又如何呢？無疑的，人是為這些東西的飲食而生的嗎？喔，不！完全不是！這些都是與伊甸園中的禁果及惡魔有關的無解難題。為什麼水會淹死它的主人？為什麼許多礦物會毒死人？為什麼那麼多植物與魚類會是人類的死敵？為什麼萬物之主要和萬物遵守同樣的生命定律？哦，所有這些東西都是惡魔，或者多少與伊甸園有關。

如此說來，這些有遠見的教師們難道沒有察覺，造物主創造動植物的目的難道不是要使萬物都愉快地存在，而不是創造萬物以取悅一物。為什麼人要把自己看得比萬物中的一小部分更有價值？上帝努力創造的東西中，有哪一樣不是宇宙整體中重要的一環？沒有人類，宇宙不能完整；但是即使是缺少我們肉眼看不見或者知識尚無法參透的微生物，宇宙也同樣不完整。

由地球的塵土中，從共同的基本資源中，造物主創造了「人類」——學名*Homo sapiens*。用同樣的原料，祂也創造了其他東西，不論這些東西對我們有害或多麼不重要。他們與我們一樣來自地球，與我們共生死。那些苦心經營現代文明的極端保守人士，只要有人對任何除人類以外的東西表示些許同情，就斥為異端邪說。他們不只要獨占地球，也聲稱人類是唯一具有無法估量的天國所需要的靈魂的東西。

遠在人類被創造之前，我們的地球就在天上成功運行了許久。遠在人類占據地球之前，整個萬物王國就已在生存與滅絕之間愉快運轉。一旦人類也在造物主的計畫中扮演一角，他們也可能無聲無息的消失。

植物被認為只有很不明顯及不確定的感覺，礦物則被肯定完全沒有感覺。可是，為什麼礦物不可能有天賦的感覺，是否盲目與不包容使得我們無法與它溝通呢？

我把話題扯遠了。前面我曾提到，人類聲稱地球是為他們而造的，我想說的是，有害的猛獸、有刺的植物，以及地球某些地方的致死疾病，都證明世界不完全是為人類造的。當一隻熱帶動物被放到高緯度地方，牠可能會被凍死，我們會說，這個動物不適合這樣嚴寒的氣候。但當人類自己去熱帶後得病死亡，他卻不認為自己不適合如此惡劣的氣候。不，他寧可詛咒造物主製造了這些麻煩，雖然造物主壓根不知道何謂熱病疫區；又或者，他會認為這是上天對人類自己發明出來的一些罪惡的懲罰。

更進一步說，所有不能被吃或被馴服的動物，以及所有帶刺的植物，都是不可原諒的惡魔，根據那些坐井觀天的傳教士，它們全都該被清除燒毀。可是，身為邪惡圈的人類比任何東西都該銷毀，如果另一世界的大熔爐能被規畫用來熔鍊淨化我們，使我們與地球上其他東西融合為一，那麼地獄就是刁鑽的人類虔誠祈禱的成就。不過，我很高興能拋開這些宗教的煉獄及愚昧，一身輕快地回歸到不朽真理與美麗大自然的懷抱。

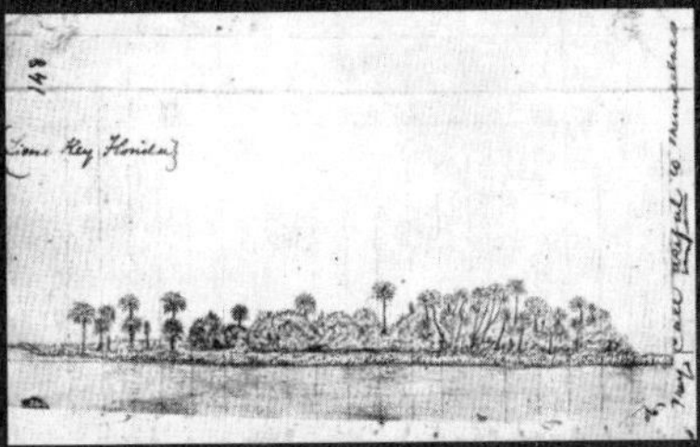

第七章 寄居古巴

一月的某一天，我爬上屋頂觀賞這花之鄉的另一次日落美景。眼前是一溜海灣清澈水花、一道林木茂盛的海岸，伴著一串寧靜的貝殼及珊瑚島嶼，天際色彩光耀奪目，沒有一絲雲影的威脅。柔和的風以及靜謐的天，與這群棕櫚島以及它們周遭的水一樣奧祕。當我在日落的光彩籠罩下，凝視著一個接一個頂著棕櫚冠的島嶼時，眼光不經意被一艘美國帆船鮮豔華麗的帆所吸引，它正由珊瑚礁間的迂迴水道緩緩駛向香柏嶼的港口。「啊，」我想道，「或許我可以乘上這漂亮的白色小東西。」她就是縱帆船「美女島號」（Island Belle）。

就在她抵達後隔天，我來到島上的港口，那時我已經有足夠的體力步行了。船上的一些水手正在岸上歇息。我一直等到船裝好了貨，才與他們一起走上船去。確定她要運木材到古巴後，我講好付二十五元搭便船同行，然後我問面貌精明的船長何時啟程。他說：「北風一起就走。我們不需要北風時，它狂吹，現在卻吹這要死不活的南風。」

我匆匆回到住處，收拾起植物，和那些仁慈的朋友道別，隨即登船。很快的，似乎是為了平息船長的抱怨，北風之神呼嘯而來。這小船很快被收拾整齊，張開迎風的帆，像匹急欲奔向疆場的戰馬，衝向她海洋的家。一座接一座小島快速變得模糊，然後消失在海平線下。碧藍的水色越變越深，不消幾小時，佛羅里達州就消失無蹤了。

這趟海上航行是我在森林中消磨了二十年後的第一次，當然格外有趣。我充滿了希望，真高興再次繼續南行。北風之神的威力不斷增強，「美女島號」速度驚人，像隻張開雙翼的海鳥優雅前行。不到一天，強勁的北風已增強到快變成暴風的程度。航道越深越寬，四周的水浪卻越打越高。船首的三角帆及斜桁的上桅帆都降了下來，主帆也收捲整齊，但甲板上依舊濺滿破碎浪頭的白沫。

「你最好到下面去，」船長說，「墨西哥灣的水流正好與風向相對，海浪會越來越大，你會暈船。沒有任何習慣陸地生活的人可以支持那麼久。」我回答說，我希望風浪能大到他的船可支撐的最高點，我十分欣賞這樣的海面風光，不可能會暈船的。我在森林中一直嚮往這樣的風暴，現在這珍貴的一刻已來到，我要留在甲板上好好欣賞。「好吧，」他說，「只要你受得了，你是我看過的第一個受得住這風浪的陸地人，居然沒暈船。」

於是我留在甲板上，用一根繩子綁住身體，以免被浪沖下海去，繼續觀察「美女島號」高雅地接受挑戰；但是我的注意力大部分集中在浪花所造成的奪目畫面上。風中有奇異的聲音，不再夾雜鳥兒的鳴唱，或棕櫚及香藤的搖曳聲。它攜載的是浪頭和漩渦在暴風中崩裂的聲響。在這些巨浪的滾動中，我沒有見到抗爭或激怒，整個暴風顯然被大自然的美與和諧感動了。每一道浪都按部就班、和諧一致，就像森林小湖中最溫柔的漣漪。天黑後，水面一片閃閃銀光，真是壯觀。

對我而言，我們光輝的暴風著實太短暫了。清晨，拍打古巴海岸岩石的浪花已在白水之上隱隱乍現。慣於偵察最模糊陸地線的水手們，遠在我能從飛舞的浪花間分辨前，就紛紛指出遠處哈瓦納（Havana）港的守護前哨莫諾堡（Morro Castle）鼎鼎大名的指示標幟。我們又朝陸地航行了數小時，模糊的海岸漸漸變得清晰。一隊漂亮的白色船隻正由哈瓦納港駛出，或是像我們一樣正在尋道入港。我們的小帆船才在莫諾堡港的避風處收好帆，一群衣著整齊的官員就擁上甲板來，他們態度和善有禮地問東問西，而忙碌的船長並不太理會他們，只是一個勁兒對船員們下命令。

港口的航道很窄，沒有拖引汽艇的引導很難泊到指定的下錨處。我們的船長想省錢，但試了多次迂迴前行不成後，只好接受汽船的幫助，於是我們很快抵達港灣中間一處安靜的地方，在四海前來的各式大小船隻簇擁下拋下了錨。

距離陸地還有四、五百碼時，我發現這裡除了莫諾崗（Morro Hill）上勇敢探出頭來的彎長葉片香蕉樹及棕櫚外，放眼望去沒有其他植物。到了快接近陸地時，我看到有些地方顏色鮮黃，但因為離那兒還有些距離，我無法確定那顏色是屬於地面，還是一片花海。現在，由我們港口停泊處看去，我可以看出那是植物的金黃色。在港口的一邊，是一大片這種黃色植物；港口另一邊則是黃色的菸草屋，雜亂又擁擠地聚在一起。

莫諾堡及哈瓦納港入口

「你要上岸嗎？」船長問我。「我要，」我回答道，「不過，我想去港口有植物的那一邊。」「哦，那好，」他說，「你現在跟我來。城裡有幾個漂亮的花園，長滿了各式花與樹。今天去欣賞這些，改天我們去莫諾崗撿貝殼。那裡有五花八門的貝殼；不過你看見的這些黃坡地上只有野草。」

我們跳上一艘小船，兩名水手將我們送到了人聲噪雜的碼頭。那是星期天下午（編按：無疑是一八六八年一月十二日），是哈瓦納一週中最喧鬧的時間。上午是教堂的鐘聲及人群禱告聲，下午則是劇院及鬥牛的鈴聲及人潮歡呼聲！隨著對聖母及眾聖人的低聲禱告後，是對牛隻及屠牛士的高聲讚美或譴責！我自在地吃著新鮮的橘子、香蕉及其他各式各樣水果，還看到了從沒見過的鳳梨。在狹窄的街道上閒逛，訝異於各種陌生的噪音與景致；也觀賞了美麗的花園，然後在一箱箱商品間等著去辦事的船長到來。最後，我帶著疲憊，以及滿載的興奮及誘人的水果，高興地逃回我們的小船「美女島號」。

隨著夜色的來臨，成千上萬燈火點亮了這座大城。我現在已身在夢想中的快樂之土——美麗的西印度群島。可是，我在想，我要怎樣才能逃離這喧鬧的市區呢？我要怎樣才能到達這塊樂土的自然區域呢？查看了地圖之後，我很想去爬島中央的山脈，尋訪它的每一座森林及山谷，翻過它的幾座頂峰，全程約有七、八百哩。可是，老天！雖然我已經從佛羅里達州的泥沼脫身，但高燒使我體力大減，在城裡走一哩路都會筋疲力竭，而且天氣也過於酷熱。

一月十六日。我們抵達此地後的這些日子，太陽總是在無雲的天空升起，有一、兩小時的時間散發出濃裕的金光；然後，一片片島嶼大小白邊積雨雲突然出現，再增大成暴風雨的厚度，幾分鐘後，溫熱的傾盆大雨夾著勁風落下。隨後，又是短暫的平靜，空中飄浮著些許的雲，夾雜著令人愉悅的花香，然後空氣又再度變得黏濕酷熱。

很容易可以察覺到，這樣的天氣對一個體力衰弱又發著燒的人來說是過於暴烈了；經過許多次體力嘗試，走到莫諾崗或沿著海岸北上收集貝殼或花草後，我很傷心地不得不看出，再大的熱誠也無法讓我走到內陸去。於是我只好把尋訪限制在哈瓦納周圍十至十二哩之內。帕爾森船長讓我以他的船為家，而我衰弱的身體使我無法在岸上待上一夜。

幾乎一整個月時間，我在這裡每日的活動不外乎：吃完早飯後，一名水手送我去港口北邊上岸。步行幾分鐘後，我就越過莫諾堡，走到一片長滿仙人掌的區域，此地已看不見市區，幾乎與佛羅里達州的亂藤堆一樣杳無人跡；就在這裡我迂迴前行，沿著海岸收集數不清的稀有植物與貝殼，有時停下來壓平植物標本，或在藤堆和樹叢的陰影下休息，直至日落。愉快的時光就這麼悄悄溜逝，很快我就不得不回到帆船上去。有時候出來接我的水手會看到我，要不然我就雇條小船返回船上。等到抵達船邊，我就拿起我的植物壓平器以及大把採集的花草，在別人略微的幫助下爬上我漂浮在水上的家。

吃完晚餐並稍事休息後，恢復精力的我敘述了些我在亂藤堆、仙人掌叢、向日葵泥沼和浪潮拍打海岸的探險。我的花草標本，以及滿口袋的貝殼及珊瑚，當然也得檢視。接著就是在城市燈光及來去船隻間，坐在涼爽的甲板上冥想。

這時還能聽到許多陌生的聲音：喧譁的人聲、清亮的鐘聲、莫諾堡傳來的沉重砲聲，以及定時哨兵的呼叫聲。所有這些聲音攪和在一起，弄出了我無從想像的連續不斷尖銳噪音。到了九、十點鐘左右，就會發現我已躺在船裡的小床上，港中輕微的波濤就在耳邊輕響。入睡時所夢見的不是酷熱氣溫，就是設法穿出糾結亂藤卻徒勞無功，再不然就是在莫諾海岸邊追逐海浪等等。我就這麼日日夜夜過下去。

偶爾，傍晚時分，船長會說服我跟他及兩、三個其他船的船長，一起上到他那邊的岸上去。上岸後，吩咐好水手接我們的時間，我們就雇輛馬車駛往城的北端，那裡有個大樹環伺、樹蔭夾道的廣場。一團銅號樂隊穿著華麗制服演奏著西班牙槍騎兵進行曲。城裡貴族都會在傍晚駕車來街道和廣場閒逛，因為這是一天中唯一涼爽宜人的時光。我從沒在別的地方看過人們衣著如此整齊合適。驕傲高貴的古巴家庭，衣著十分合身，絕不過分寬大，非常有氣派，絲質寬邊，極有品味，真可稱得上漂亮。奇怪的是他們的娛樂卻如此粗獷，鬥牛、震耳欲聾的搖鈴聲，以及極刺耳又不自然的音樂，才迎合他們的口味。

哈瓦納貴族的地位及財富，在他們駕車出遊時，似乎可以由馬車和馬之間的距離來判定。地位越高，馬車的車轅就越長，車輪就越笨重，簡直跟砲車的車輪沒兩樣。有些馬車的車轅有二十五呎長，制服鮮豔的黑人馬夫騎在領頭的馬上，和車轅下馬匹距離二、三十呎，根本沒法聽到主人的呼喚。

我在哈瓦納這座大城四處閒逛時發現，城裡有很多公眾廣場，它們都被綠化，並定時澆水，照顧得很好，其中有許多令人感興趣又引人注目的植物，甚至在花木繁盛的古巴也不多見。這些廣場還有美麗的大理石雕像，蔭涼處有座椅。許多人行道都鋪了磚面，而不是只用碎石子填實。

哈瓦納的街道像迷宮般迂迴曲折，而且非常狹窄，人行道只有大約一呎寬。旅者得不斷閃避擁擠人潮、騾匹、木材車和馬車，才能擺脫這座昏黃城市的氣息，在躁熱和疲憊雙重襲擊下，滿懷喜悅地在寬闊、乾淨、涼爽、有鮮美花草的廣場尋得歇息的處所；不只如此，當他們穿出幽暗狹窄的街道，突然發現自己身在海港的中間，可以盡情呼吸海面吹來的涼風時，總能體驗到無比的喜樂。

經過觀察後我發現，較好房舍的入口或門廊處總有許多不成比例的短矮廊柱，而房舍外還有看起來寬敞但四面圍住的庭院。古巴人一般來說都十分有教養、講禮貌，而且合群，但對待動物卻殘酷。我在這裡停留的數週中，所見到的殘酷虐待騾馬事件，超過我這輩子在其他地方所見到的。活生生的雞或豬，腳被綁住，數隻一綑地吊在騾身上被帶到市場。一般而論，他們對待所有動物，似乎除了冷血的自身利益外，沒有其他的想法。

在熱帶地區要建造城鎮很容易，但想克服那些堅韌群聚、糾結成一片的植物，或清除野地以種植食物，就不那麼簡單了。溫帶的植物纖弱，不帶刺，不糾纏在一起，在鳥、獸、人的踐踏下很容易就消失了，把它們的地留給那些可供人奴役的植物，後者會按照人類的意思生長，提供人類食物。可是熱帶地區堅韌帶刺的群聚植物一向堅守著生長的家園，從有人類以來，它們還沒打過敗仗。

許多古巴的野生植物都圍繞著哈瓦納附近生長。由碼頭走不到五分鐘，就可以到達沒被開墾過的天然地。大部分我閒逛搜索的地區是一道多石的曠野，寂靜，鮮有人跡，只偶爾有一些人會登門來拜訪，向大自然索取些種子或植物的根。這條荒野地沿海岸往北延伸約有十哩，只有少數幾棵大樹或灌木叢，但長有大量美麗藤蔓、仙人掌、豆科植物及青草等。這沿海土地上的野花賞心悅目，密密長成漂亮的一大片。每棵樹都開滿了花，耀眼絢麗，因反射太陽光而閃閃發光的葉片，更為樹木添了光彩。一條條藤蔓也相互糾纏，環繞纏疊，找不到源頭。

我們美國的「南方」有繁茂的花藤。有些地方幾乎每棵樹都被它們纏繞，添增了彼此的美與雅。印地安納州、肯塔基州及田納西州以葡萄藤最茂盛。再往南方，則是菝葜與數不清的豆科植物的居所。佛羅里達州的小島上最普遍的藤類或許當屬夾竹桃科，他們覆蓋住櫟屬橡樹及美洲蒲葵，常常有超過百條以上的藤纏成一條粗纜。然而，南方沒有一個地區像古巴濕熱的野花圃，藤蔓種類那麼多，開花量那麼大，還牢牢結實纏繞在一起。

我在古巴發現最長及最短的藤蔓都是豆科植物。我前面提過莫諾崗靠海港的這面是一片高長的黃花菊科植物，很難穿過。不過在這類菊花林中，有時候也會夾雜著平坦如絲絨的一塊塊綠草地。突然走到這些開闊的處所，我不由得停下來欣賞這平坦的青綠，這時我在短草中發現了一些有大蝶形花冠的花朵。圍繞這草地的高長菊科植物，幾乎被糾結的藤蔓蓋滿，藤蔓上也有許多類似的熱帶花朵。

我立刻判斷，這些漂亮的花是從周邊的花藤上被吹下來的，而海風中的濕氣及夜露使得它們依舊鮮艷欲滴。可是，當我彎身撿拾其中一朵時，驚奇地發現，它居然有一根細如髮絲的短爬地莖連著大地，而這朵大花的兩側還長了兩片細葉。花比根、莖、葉加起來還重。如此，在這片爬滿纏繞糾結巨藤的土地上，我們也發現了迷人、小巧又簡單的東西——藤莖簡化到它的最基本形態。

最長的藤，就如它小巧的鄰居，獨自匍匐爬行，覆蓋了幾百平方碼的土地，無數分枝密密長著直立的三葉形平滑綠葉。它的花朵就如花園裡香豌豆的花朵，不管大小或顏色，都普普通通，毫不賣弄。它的種子大又有光澤。整棵植物姿態高雅，以整齊密集的葉子覆蓋大地，那種整齊度我從沒見過任何植物可與之相比。所有葉子覆蓋的土地面積，我想，要比一棵大肯塔基橡樹的占地面積還大。以我的觀察，它只生長在海邊混著碎貝殼和珊瑚的沙土中，一直蔓生到海潮能到達的最高點。這種植物在佛羅里達州也很多。

我所閒逛過的地面，仙人掌類也占很重要的一部分。它們與花藤不同，有一、兩小節藏在野草中，然後迅速成長為一大叢，頂端寬闊，主幹可達直徑一呎，每節光滑深綠，閃現亮麗光澤。它們與刺葉王蘭及龍舌蘭都被種成圍欄用。

在我頭幾次的探尋中，有一次，我在低矮的岩石間收集蕨類與藤蔓，突然大吃一驚地發現，就在我面前有一條大蛇，牠的身子隨意擺放在野草與石頭間，就像條遭人棄置的繩索。我倉卒逃走，但回復神志後，就發現這種蛇吃素，不會有危險性動作，可是牠有許多利牙，而且就像遭受到伊甸園的詛咒——「你永遠必須靠腹部爬行，吃塵土為生」，無聲無息地靜靜躺著。

有一天，在陶醉於我那收穫頗豐的莫諾草地，並壓了許多新標本後，我往下走到浪花沖洗的閃亮貝殼岸邊，一邊休息一邊欣賞美景，觀看強勁的北風激起成堆美麗浪花，沖擊珊瑚海岸。我收集了好幾袋貝殼，大多是小的，但顏色及形狀都很精美，還有些玫瑰紅珊瑚碎片。然後，我以觀賞海浪的不同色彩、不同形式的弧度及浪頭自娛。就在這麼孤單而自在的心態下，來學習這些豐富又多層次的浪歌，或我們人類稱之的破碎浪花所發出的怒吼，感覺十分有趣味。我比較不同距離的浪花渦捲奮力投向陸地時所發出的不同聲音，它們竭力想譜出一首美好的曲子，永遠在世界的白浪海邊迴響。

我從貝殼座椅中站起身來，看著一道大浪由深海中躍起，遠遠朝斜角海灘打過來，先激起一朵浪花，接著碎成一片白沫而消失。然後我隨著退回的潮水走進深藍的海中，在向後退的閃閃發光海水中划步，直到下一道浪潮把我趕回岸上。就這麼半專注地玩著水，我發現就在浪花濺打的粗糙海岸上有一株小小的植物，植株上還有花瓣閉垂的花朵。它躲在被海浪沖洗的棕色岩石低窪處，一個接一個規律的浪花末梢捲滾其上。它嬌嫩的粉紅花瓣，在緊扣的綠色花萼間偷偷探出頭來。在下一個浪頭沖來前，我彎身看了一下，「當然，」我自語道，「你不可能是長在這兒的！你一定是從某個溫暖的岸上被吹到這裡的，就像一粒貝殼被卡在這個低窪的裂縫中。」可是，我一次次在浪潮退去時走近觀看，卻發現它的根居然夾在這塊珊瑚岩淺縫中，這浪花擊打的裂隙真的是它的家。

我時常讚嘆堅韌的紅藻及其他海藻所展現的對外界的適應力，可是從沒想到會在這浪濤怒吼的大海領地裡，發現一朵嬌貴的開花植物生長在浪花下。這株小花有球形葉片，葉肉透明如珠子，但色澤如其他一般陸地植物。花朵直徑約有八分之五吋，紫玫紅，在風平浪靜時才綻放。從外表看來，這應該是一種小型馬齒莧屬植物（portulaca）。那海灘，就我走過的地方，周圍都鑲滿了木本菊科植物，有兩、三呎高，頂端生長大量紫色及金色花朵。在其中我發現了一叢小花，它的黃色花朵真是完美；所有的花瓣每五瓣規律交替生長，彼此間隔，十分和諧。

一頁紙拿來寫字，只寫一次，讀起來很容易；可是如果以不同大小形狀的字重複書寫，即使整頁紙上沒有任何令人困惑的無意義符號或想法會損傷它的完美，也很快就無法看懂了。我們有限的能力，對解讀無窮的大自然，也面臨了相似的困惑及過度的負擔，因為它們被以不同大小、顏色的字一而再、再而三地重複書寫，句子中有句子，每個字中又有深義。在大自然中沒有被分離的片段，因為每個相關片段就是同一個東西，它本身是完全和諧的融合體。所有一切組合在一起，形成一張宏偉的世界羊皮紙。

我走過的草地中，最普遍的植物之一是龍舌蘭。它們有時被用來做圍欄。有一天，就在回「美女島號」的路上，我從莫諾崗山頂回望，正巧看到兩棵像白楊的樹，約有二十五呎高。它們長在濃密的仙人掌及花藤纏繞的向日葵間。我急欲看一看如此像家鄉白楊的樹，於是匆忙穿過保護它們的仙人掌及向日葵叢，走向那兩棵陌生的樹。結果我驚異地發現，本以為的白楊原來是開著花的龍舌蘭，這是我第一次見到。它們的花朵幾乎已大開，很快就會凋謝死亡。有一些零落的花苞還留在枝上，看起來像果實。

龍舌蘭的花莖只花幾星期就能長得十分粗大。聽說這種植物總是竭盡一切力氣吐出花朵，一成熟結子就力竭而死。到目前為止，就我所看見的，在大自然中並非如此。它並不需要多大努力就完成了它的任務，也許龍舌蘭生長出花莖並不比一株小草結子更難。

哈瓦納有一座很好的植物園。我在植物園內美麗的花樹間及樹蔭下的噴泉邊，度過一些美好的時光。園內有一條棕櫚大道被認為十分莊嚴美麗，五十棵棕櫚排成兩道直線，每一棵都站得直挺挺的。它們的樹幹圓而光滑，中間略粗，不像是植物的莖幹，倒像是車床上磨出來的。五十個扇狀樹冠完全平衡，在驕陽下閃耀，有如天上落下的一堆堆星星。樹幹有六、七十呎高，樹冠直徑約達十五呎。

在一條小溪邊有搖擺的長竹子，像楊柳般多葉，隨風擺動的姿態有說不盡的高雅。有一種棕櫚有極好的羽狀複葉，小葉葉緣一邊呈鋸齒狀，像鐵線蕨（*Adiantum*）。還有數百種綻放美麗花朵的植物，有些是大樹，屬於豆科植物（*Leguminosae*）。這植物園跟我以前看過的人工花園相比，絕對是最壯觀的。它是個完美的大都會，集合了最美麗、最繁茂的花園植物，園裡還有宜人的噴泉供應水源，精美圍欄的碎石人行道或斜切或彎曲走向各個方向，外加各種新奇的設計，讓它有如天方夜譚中的仙境，不像一般的人工樂園。

在哈瓦納，我見到我整個徒步行中所看到最健壯又最醜陋的黑人。哈瓦納的碼頭裝卸工人，肌肉真是健壯，這使他們能夠拋擲或滾動重達幾百磅的裝糖木桶或木箱，就像搬動空箱子般輕鬆。我聽說我們船上身強力壯的水手觀看這些工人工作數分鐘後，對他們的精力表示無比的佩服，還希望他們堅硬隆起的肌肉能出售。有些賣橘子的黑人婦女的面容顯出一副虔誠好脾氣的醜樣，我從沒想過人的血肉可以如此安排。除了橘子，他們也賣鳳梨、香蕉及彩券。

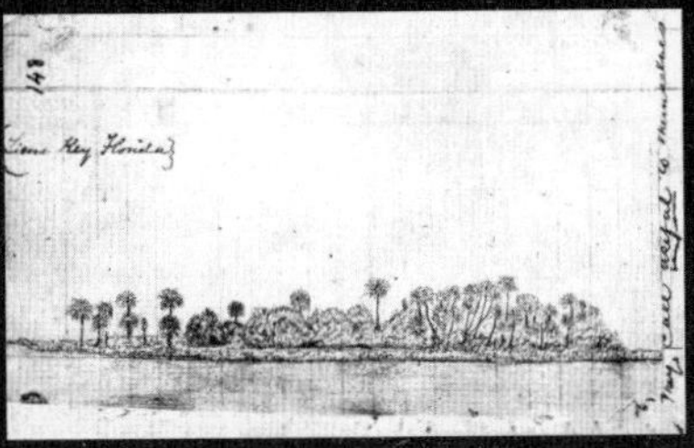

第八章 繞道赴加州

在這豔麗的島嶼度過一個月之後，我發現我的健康毫無進步，於是決定趁體力還能支撐時繼續向南美挺進。可是，很幸運的，我找不到去任何南美港口的交通工具。我一直渴望能造訪奧利諾科（Orinoco）河流域和亞馬遜盆地，後者尤其嚮往。我的計畫是在南美大陸的北端找個地方上岸，朝南穿過奧利諾科河源頭附近的原始林，直到碰到亞馬遜河的一條支流，然後乘木筏或小舟順這條大河流而下，一直到它的出海口。很奇怪的，不論我多麼熱中、多麼具有初生之犢的勇氣，但我目前身體羸弱，身上資金不到一百塊錢，亞馬遜河谷又有多種不利健康的因子，我卻仍懷抱如此的夢想，可是其他人似乎從沒想過這樣的旅程。

誠如我所說，很幸運的，在探尋過所有船運公司之後，我找不到任何一艘去南美洲的船，只好計畫北上，前往渴望已久的寒冷紐約，再由那裡轉往加利福利亞州的森林與山脈。我想，在那兒的山中，我應該可以找到健康和一些新植物，先花一年時間待在那有趣的地方，之後再去實現亞馬遜河計畫。

要在沒有徒步探訪古巴全島之前離開，讓我百般難受，但是病體不允許我在此多停留，我只好安慰自己，等身體完全恢復後再回來尋寶。同一時候，我開始進行立即離開的準備。當我在哈瓦納的一座花園中休息時，注意到一張紐約報紙上登了個加州船票低價促銷廣告。於是我向帕爾森船長打聽去紐約的船隻，到那裡後，我可以找到去加州的船。目前，沒有任何加州船隻停留古巴。

「嗯，」他指向港中說，「那邊有艘漂亮的小雙桅縱帆船要運柳丁去紐約，這些小水果船的速度都很快。你最好趕快去向它的船長打聽，看來它快啟航了。」於是我立刻跳上一艘小船，一名水手搖槳帶我去水果船。上了船，我要求見船長，他很快出現在甲板上，並馬上同意以二十五元代價載我去紐約。我問他船何時啟航，他回答說：「如果這北風能小一點，明天天一亮就走，不過我的手續都辦好了。你必須到美國領事館去辦搭我的船離境的許可證。」

我立刻進城，可是找不到領事，我決定不論有無正式文件，都要離開這兒去紐約。第二天一早，與帕爾森船長道別後，我搭小船離開「美女島號」去水果船，順利登上了船。雖然北風依舊強勁，沒有變緩的跡象，但我們的荷蘭籍船長秉持他對這艘全橡木造小帆船的信心，決定正面迎戰北風之神。

船隻離港後，都必須在莫諾堡稍停，好接受離境文件檢查，特別是要確定船上沒有逃跑的奴隸。官員們來到我們的小船邊，但沒登船。他們瞥了一眼領事館的文件就滿意放行，當問到有沒有黑人時，船長大聲宣稱，「一個ㄍㄨㄟ——也沒有。」「那好，」官員喊道，「再見！祝你們航程愉快！」由於我的名字不在離境名單內，我就待在甲板下不讓人看見，直到我感覺到海浪翻湧，船隻來到空曠大海為止。莫諾堡的塔樓、草坡、棕櫚樹及白浪拍打的海灘，都漸漸消失在遠處，而我們的海鳥般小船駛入了它遼闊風浪中的家，勇敢地面對勁風，向每一道浪頭致敬。

兩千年以前，我們的救世主對猶太人的官尼哥底母（Nicodemus）說，祂不知道風從哪裡來，或到哪裡去[1]。而在現在這輝煌時代，雖然我們這些基督教徒知道許多風的來源與「去向」，然而，我們對風的一般知識，就如那些巴勒斯坦的猶太人，所知甚少，不論科學有多大的力量，我們的漠視從沒有比現在更甚。

風的實質薄到人類肉眼看不見，它的文字難到人類心靈無法理解，它的話語大部分弱到人類耳朵聽不見。據說有人發明了一種機械，可以讓人類的語言器官記錄下本身說出來的話。可是不靠額外的機械，每個說話的人都能邊說邊記。所有上帝創造的東西都記錄他們自己的行動。那個曾說過「翅膀的擺動不會對天空造成傷痕」的詩人，是錯誤的。那只是他的眼睛太模糊，看不見傷痕罷了。船經過古巴，我看到海岸邊那道白沫，但聽不到浪濤聲，因為我的耳朵聽不到那般遠的浪花沖擊聲。然而，每一朵浪花都在我的耳際迴響。

這個話題，讓我想起我最近這趟旅行所聽到的一些風聲。在我從印地安納州走到墨西哥灣的旅程中，土地與天空、植物與人們，以及所有可以變動的東西都不停變動。即使在肯塔基州，大自然和藝術也有它特殊的語言。人們的語言習俗不同。他們的建築物就與北方的近鄰不同，不只是農莊大院，即便是農舍、穀倉或窮人的小木屋也不一樣。可是成千上萬熟悉的花朵，在每個山坡和谷地抬頭搖擺。我注意到，天沒變，風也說著相同的語言。我並不覺得我在陌生的地方。

在田納西州，我看到了第一座山景。我到訪過以前從沒去過的高處；陌生的樹開始出現；每跨一步，就有高山花朵與灌木迎向我。可是坎伯蘭山脈生長著橡樹，與威斯康辛山坡上交錯的樹木沒有太大不同，陌生的植物與過去熟悉的植物也沒有太大差別。天空只變了一點點，風聲聽不出有不同的聲調。因此，田納西州也不算是陌生地。

可是，很快的，改變來得多又急。經過北卡羅萊納州一角的山脈，進入喬治亞州之後，我看到了阿里甘利山脈的最後一道山峰，它那廣大平坦的沙質坡從山延伸到海。山上深黑繁茂的松林，對我是完全陌生的。這裡的草不同於北方蓋滿地面的草地，它們一堆堆分開生長，莖幹高長，像小樹苗。我熟知的花朵朋友此時已離開我，不像在肯塔基與田納西那樣一株株離我而去，而是一群群或一簇簇離去，繼之而來無數種類的閃亮陌生同伴對著我彎腰致意。天空也改變了，我也可以感覺出風中出現不同的聲音。現在我感覺得出我是一個「在陌生地方的陌生人」。

但變化最大的是佛羅里達州，這裡生長著美洲蒲葵，風經過它們吹出的聲音完全不同。這些棕櫚與這些風聲打斷了我與家鄉連繫的最後一根弦。我現在徹徹底底是個陌生人了。我喜悅、驚詫、惶恐，眩惑於勢如破竹的變化，像是落入了另一個星球。可是在這一長串複雜變遷中，最大最後的改變是風的音調與語言。它們不再是老家開闊的原野或搖曳的橡木林所譜出的樂章，而是許多陌生琴弦奏出的旋律。玉蘭花的葉子光滑如磨亮的鋼，森林完全轉換成鐵蘭的簾幕和棕櫚樹的高貴樹冠——於其上，風奏出了陌生的音樂，而當夜色降臨，我感受到因遠離朋友與家園而來的排山倒海壓力，那是如此不勝負荷，我已與熟悉的人與物完完全全隔絕了。

我在別處提過，當我離墨西哥灣還有一日行程時，第一道海風迎面而來——這是我二十年來第一次被海風拂過。我揹著小包與植物，身子前傾，疲憊地拖著因將發燒而疼痛的身子蹣跚前行，突然我覺出了空氣中的鹹味，在我能思考之前，長久蟄伏於體內的連繫一湧而上心頭。福斯灣、鱸魚岩、登巴古堡，以及那風、那岩石、那山坡，全隨著風的翅膀飛來，就像黑夜中劃過一道閃光，那些山水清楚展現在眼前。

當海上風浪大時，我喜歡乘著像我們的小船一樣的小艇，緊抓住船上小木柱，看船拖著像彗星般的長尾巴，從每一道浪頭上飛過。大船在不同形狀的波浪中顯得笨拙，像個無根的島在海上漂浮。可是我們的小帆船卻像海鷗般往前衝刺，以愉快的韻律從每道浪的一邊上升，再由另一邊下來。我們越往前行，眼前的景色越壯麗。浪隨風推動，越來越高也越來越大。在這變化不斷的潔淨水域航行是件愉快的事。由水浪凹處往上看，或船在浪頭頂端時，我有時幾乎忘記這閃亮如玻璃、無樹無花的地方，可是徒步者的禁地。如果能徒步在此探尋，享受這透明的水晶地面，欣賞起伏浪濤所奏出的音樂，不受船上繩索及木板的干擾，那該多美好啊！我可以研究這些浪濤和潮流植物；天氣惡劣時，可以睡在磷光閃閃的波濤床上或散發鹹味的海藻中；夜晚可以觀看魚兒游過留下的發亮路徑；白天我與成群的鳥兒及點點的飛魚一起走過平靜光滑的海面，夜晚則有燦爛的星星做伴。

可是，即使在陸地上，也只有一小部分土地可供人自由前往，而如果人從事一些被禁止途徑的旅行，或到冰冷或火燙的地方冒險，或乘熱氣球上天，或坐船走海路，或坐在窒悶的潛水鐘中鑽進水底探險——即使是這些小探險，人們也會被警告或懲罰。用正確的語言說，這些各式各樣的警告或懲罰都清楚顯示，人類是生活在不屬於他們的地方。然而，不管我們的時代進步得多快，沒有人能說出還要多久人類才能征服星星。不管怎樣，我都十分享受這趟漂浮海上的旅行。

散發柏油氣味的船上社會本身就是一種研究——在由幾塊木板釘成的小領域上的專制社會。不過，因為我們船上只有四名水手、一名打雜工人及一個船長，並沒有專制存在。我們共桌吃飯，享用我們儲存的醃青花魚、梅子布丁，還有永遠吃不完的柳丁。我們的船艙裝滿了沒有裝箱的零散柳丁，連甲板上也堆著與邊欄平齊的柳丁，我們必須踩過這些金色水果才能登船。

一群群飛魚常飛過小船，有時會有一、兩條掉在柳丁上。水手們常喜歡把這些魚抓起來，賣給紐約的好奇者，或分贈親友。可是船長有一條大紐芬蘭犬，牠是這些不幸的魚的最大主顧。牠只要一聽到魚蹦跳的聲音，就會由瞌睡中一躍而起，在水手們到達落魚處之前，飛撲過去盡情享用。

在經過佛羅里達海峽（Straits of Florida）時，風漸漸變小，海面平靜無波。這裡的海水很清澈，呈現悅目的純淺藍色，不像平常的暗淡水色，就好比高山上的空氣對比都市的塵煙。我可以很清楚看到海底，就如走在路上看地面一樣。我們的船能被如此纖弱的液體載起，真是件很奇怪的事；而海底如此近，船居然沒有擱淺，也是稀奇。

一天早晨，我們在巴哈馬群島間穿行，海天一片風平浪靜。太陽在無雲的天空散發光芒，此時，我看到一大群飛魚，離我們很近，正被一條海豚緊緊追逐。這些食魚族躍升的動作頗有技巧，以低弧度迅速向前滑跳五十至一百碼，然後鑽入水中。幾秒鐘後，牠們帶著閃亮的水珠再一次躍起，又再度快速滑回清亮的海洋，但牠們一點也不害怕。

一段距離後，海豚追上了魚群，躍入牠們之中，於是一切動作就結束了。魚群不規則朝各個方向躍起，像被老鷹追捕的一群小鳥。而追逐其後的海豚也躍入空中，炫耀牠漂亮的顏色及傲人速度。在第一度四散躍起之後，所有的掙扎都無用了，海豚就在被打散的疲憊魚群中出其不意地捕食，直到飽餐一頓。

我們看著浩瀚的海洋，很容易認為它只不過是地球上空白的一半——一塊無用的「廢水」，就像沙漠。可是，雖然我們是陸地的動物，我們對土地就像海洋一樣無知，我們以商業的眼光胡亂看待海洋，相當了無意義。現在科學正在對海洋的生物和海底的形成進行全面調查，同時，類似的調查也在過冷或過熱的荒漠上進行，一段時間之後，我們終究會發現，海洋與陸地同樣充滿著生機。沒人知道人類的知識可以發展到多遠。

穿過海峽後，我們繼續沿海岸北上，當到達與卡羅萊納州海岸南端差不多平行時，我們遇到了逆風，這風一路吹襲到紐約，我們的小船被海水浸透了。當然我們整船的柳丁也慘了，由於它們堆高到船弦邊，我們行走困難，好幾次幾乎被沖下船去。在海特瑞斯角（Cape Hatteras）附近的飛魚似乎很喜歡由一道浪頭飛向另一道浪頭，白天牠們避開我們的船，但晚上常跌落在柳丁上。水手們抓到不少，但我們的大紐芬蘭犬卻比水手跳得更快，幾乎獨霸了這場遊戲。

當夜晚降臨到海風怒號的海面時，浪花閃爍著點點磷光，真是一幅絕美的景觀。在這樣的夜晚，我站在船首斜桅邊，以繩索緊綁住身子固定，一站幾小時，欣賞這壯麗的美景。多美妙的光芒啊！難以數計的有組織生物發展出這光芒，耀眼地點亮魚群的路徑和每朵浪花，有些地方還一整片閃亮著，宛如發光的紙張。我們也行過大片的海藻區，我採集了一些標本。我盡情享受這柏油和填絮做成的新奇小家，當航程接近終點時，想到要離她而去，禁不住覺得傷感。

第十二天，我們已接近紐約這個大船埠。我們整日都能看見海岸。光禿的樹及積雪看起來很陌生。現在已接近二月底，積雪的地面就快溶化。由林木茂盛又酷熱的古巴，到達嚴冬酷寒、白雪覆蓋、枝幹光禿的紐約，讓我們「眼」目一新，印象深刻。一道寒流由珊地岬（Sandy Hook）向海面橫掃而來。水手們都翻出棄置已久的羊毛衣服，在拉繩扯帆時，一個個包裹得像肥胖的愛斯基摩人。對我而言，由於長期發著燒，這樣的寒風吹過我鬆散的骨頭，比春風還令我舒適感恩。

我們現在有了許多同伴，全是來自不同國家的船隻。我們繃緊的小快艇，像其他船隻一樣，由風中解脫出來，進入港口。傍晚時分，我們勉強地擠過河口冰凍的三角洲，於九點鐘抵達內港。就像市場的小推車，我們在碼頭排列的斜板處停泊好，第二天一早所有人才與船上柳丁一起上岸，柳丁已爛了三分之一。如此，我們這趟航行的所有任務終告達成。

抵達後，船長知道我阮囊羞澀，告訴我可以繼續使用船上的鋪位，直到啟程去加利福利亞州，至於三餐，可以在附近一家餐館解決。「我們都是這麼做。」他說。我翻看報紙，發現離境日最近的船隻「內布拉思卡號」（Nebraska）將在十天後啟程前往阿思班華（Aspinwall）[2]，而經由巴拿馬海峽到舊金山的統艙鋪位只要四十元。

在這同時，由於我一個人也不認識，就在市區閒逛。我步行的區域只略微超出看得見小帆船的範圍。我在街車上看過中央公園的名字，想去造訪，但又怕找不到回來的路，就不敢冒險。在擁擠的人群、喧嚷的街道、高大的建築物中，我感覺自己完全迷失了。我常覺得，如果這座城市能像許多荒野山丘與谷地那樣鮮少人跡，我會很願意去探訪它。

登上那艘巴拿馬船的前一天，我買了本小加州地圖，又被說服買了一面是世界地圖、一面是美國地圖的捲軸大地圖，共十二捲。我一再說它們對我毫無用處，卻徒勞無功。「可是你一定想到加州去賺錢，對不？那裡什麼東西都很貴。我賣你兩塊錢一捲這樣的好地圖，你在加州很容易一捲就能賣到十塊錢。」我笨得讓自己被他說服。這些地圖捆成笨重的一大包，不過，很幸運的，我的行李只有植物壓平器及一個小袋子。因為地圖太大，不可能被偷或藏起來，我就把它們放在統艙的鋪位上。

統艙的生活與我在小水果船上的美好居家日子有天壤之別。我從沒見過如此野蠻的一群人，特別是在吃飯的時候。船抵達阿思班華，我們有半天自由時間，然後就啟程通過巴拿馬海峽。我永遠不會忘記那些豔麗的花樹，特別是沿著恰革瑞斯河（Chagres River）的十五至二十哩。茂盛至極的森林大樹，綻放著紫色、紅色及黃色花朵，比我看過的任何東西都美，特別是花樹，遠較我在佛羅里達及古巴看過的美麗得多。我從台車上瞪視著這一切，深深著迷。我因喜悅而歡呼，希望有一天能回到這裡來，欣賞研究這些美得無與倫比的森林，直到滿意為止。我們大約在四月一日抵達舊金山，我只在那兒待了一天就出發去優勝美地山谷（Yosemite Vally）[3]。

我沿著聖荷西谷（San José Valley）的戴布羅（Diablo）山麓小丘到吉諾

（Gilroy），然後經由帕其可山道（Pacheco Pass）翻過戴布羅山到聖荷昆（San Joaquin）山谷，再走下莫斯河（Merced River）河口對面的山谷，穿過聖荷昆，爬上內華達山脈到達紅杉（Mariposa）巨木林及壯麗的優勝美地山谷，然後再沿莫斯河而下，到達這裡[4]。我通過帕其可山道時的天氣真是好得無法讚美與形容——散發著清香、甜美與光亮。天空簡直是十全十美，空氣甜到足可供天使呼息；每一口氣都能帶來格外的滿足。我相信亞當與夏娃即使在伊甸園最溫柔甜美的角落，也不曾嚐過比這更美好的東西。

一直到吉諾，海岸山脈的山麓都近在眼前。它們以無比美麗的彎道與斜坡跟山谷相連。它們披著我從沒見過的最綠的草、最富麗的光彩，又被數不清的各色各樣花朵添上色彩，主要是紫色與金黃，美到極點。無數清澈如水晶的小溪加入雲雀一起歌唱，整座山谷充滿了音樂，宛若大海，使它徹頭徹尾成為人間的伊甸園。

山道上所有的大自然景致同樣迷人至極。那裡有陌生的美麗山蕨，低至山谷高自陽光照射的岩峰都有它們的蹤跡；沿路花朵盛開的灌木叢，漫山遍地的野花，嬌貴清純，盡情享受著如此甜美的山之家。喔！還有，那些小溪！它們放射出閃亮光芒，輕快地順著流水唱出自己的歌，或在陰影下或在陽光裡順著不停變遷的可愛路徑流向大海。更有那層巒起伏的丘陵與山脈，層層疊疊，一片壯麗浩瀚，散發難以言喻又無法抗拒的魅力。

最後，當你像隻被打倒眩暈的昆蟲，想逃出這無法抵禦的山勢，山泉、海洋就突然蹦出眼前。而就在那兒，在層層疊疊的山丘之後，清楚展現眼前的是一片廣大平坦又向外延伸的平原，有河流灌溉，然後，百哩外又是白雪覆頂的山峰。那平原就是聖荷昆，而那山脈就是內華達山脈。聖荷昆谷是我走過花朵最多的一方世界，一塊廣大平坦的花床，一張花毯，平滑如海，只有中間略微隆起，那是妝點在河邊或四散小溪邊的樹叢。

佛羅里達州可被稱為「花之鄉」，對那些生長在最適地點的每種花生物來說，有超過百種以上住在這裡。這裡，這裡才是花之鄉！在這裡，花朵不像在我們家鄉的原野那樣散長在草地上，而是青草散長在花地裡。也不像在古巴，花蓋著花，堆疊隆起成一大片；這裡的花並肩而立，一朵接一朵，一瓣接一瓣，互相碰觸，但不糾纏，枝莖搖曳，彼此擦過，自由而獨立——一片諧和的圖畫，青苔貼著地面生長，草在其上，而花開在兩者之間。

在研究這座山谷的花朵、天空，以及它們家中的所有家具、聲響和裝飾物之前，人類很難相信，它們廣大的結合是永久的；寧可認為是某種生長目的激發的。它們從自己王國裡的平原、山脈、草原集合起來，而不同顏色的大大小小園地，就是不同部落及家族營地的標幟。

【注釋】

1 請參見約翰福音第三章。

2 阿思班華：即巴拿馬北部港市科隆（Colón）的舊稱，扼守巴拿馬運河北口。

3 到這裡行程算是結束了。本章剩下的部分是取自作者給艾茲拉・卡爾太太（Mrs. Ezra S. Carr）的一封信。此信於一八六八年七月寄自二十丘谷地（Twenty Hill Hollow）附近。

4 加州莫斯郡（Merced County）的史奈林（Snelling）附近。

第九章

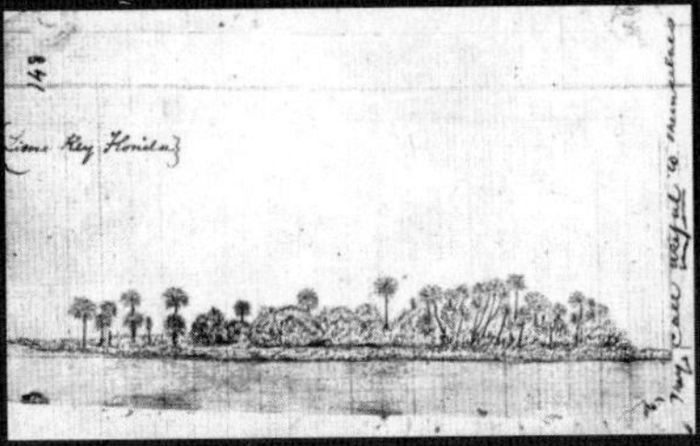

二十丘谷地

如果我們把內華達山脈以十二哩為厚度切成小區塊，那麼每一區塊都會包括一座優勝美地山谷、一條河，以及成串的明亮湖泊、草原、岩石與森林。而每一區塊所包含的壯觀美景都是廣大無邊又超乎滿意，想從其中選出一塊來，就像從同一條麵包中挑選出其中一片。這一片麵包可能有洞、有烤焦的地方，另一片麵包可能顏色比較黃，再一片麵包可能比較脆或切得不平；但主要的部分都一樣。內華達山脈每一區塊的一般特性沒有太大程度的不同。儘管如此，我們都會不約而同選擇莫斯那一區塊，因為它容易進入也被人嚐過，說是非常美好；又因為它是優勝美地的濃縮，這是內華達山脈這條麵包在此部分的烘烤、發酵、加糖霜的某種情況所造成的。以同樣的態度，我們很快可以想像，中央的大平原是一爐麵包，一塊黃金蛋糕，我們不要把這些美好的麵包當成了麵包屑。

在煙霧的天空被冬雨清洗後，整條內華達山脈由平原看去就像一道牆，略有點斜，一道道彩帶平行橫疊，簡直像拉平的彩虹所組成。同樣的，由山上望向平原，也有同樣簡明的平坦表面，上面添了紫色與黃色顏料，像是彩雲拼成的棉被。但當我們下降到這條平坦的厚氈上，我們會發現它的實際狀況與山脈一樣複雜，只不過沒有那麼明顯。尤其是莫斯山脈與吐魯姆（Tuolumne）山脈之間的平原，有十哩的板岩山麓被精巧地雕琢出山谷、洞穴及緩緩起伏的山丘，而在其間就躺著莫斯的優勝美地——二十丘谷地（Twenty Hill Hollow）[1]。

這宜人的谷地長不到一哩，寬度正好足夠形成一個完整的橢圓。它坐落在兩條河的中間，離內華達山麓約五哩。它的周圍有二十座半圓形小丘，因此而命名。它們圍繞在谷地的四周，只在西南方有一個很窄的開口，讓水流出。谷地底約比周圍平原低兩百呎，而小丘的頂端也比平原略矮。這裡沒有高塔般圓頂做為標記，人們可能要很接近它的邊緣才會意識到它的存在。它的二十座小丘的大小、位置與形狀都很一致。它們像一半被埋在地下的巨形彈珠，以等距離漂亮地安頓在它們的位置，形成了童話般迷人的丘陵；每座小丘間有個小草谷，每座小丘也都有自己的小溪，這些小溪閃爍地跳向開闊的山谷，匯合成谷

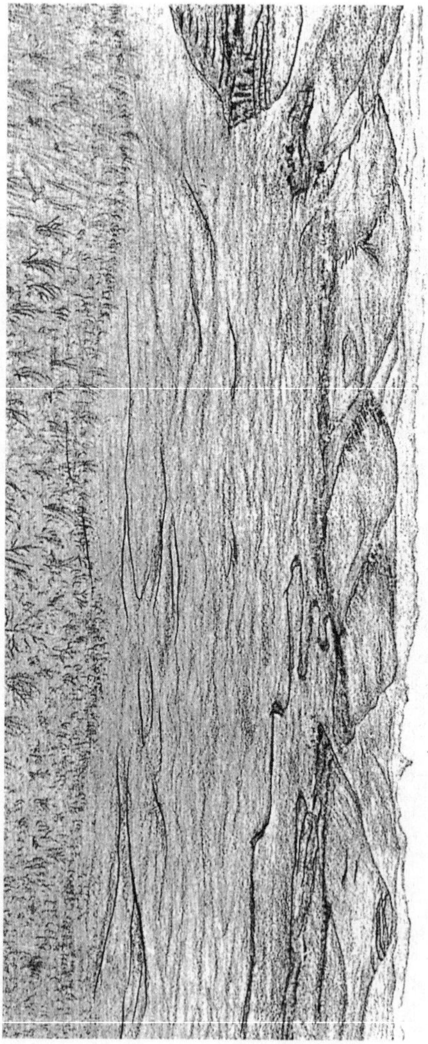

加利福利亞州莫斯郡二十丘谷地素描——繆爾先生繪

溪（Hollow Creek）。

這二十座小丘就像附近所有丘陵一樣，是由成層岩與不同比例的山上沖積物混合而成。有些成層岩幾乎全是火山物質——岩漿與焦木——被沖積它們的流水徹底磨碎混合而成；又有些大部分是不同粗糙度的石英及水晶岩集成。有些地方顯露出清楚層次，標明海洋、冰原、火山岩漿詳細的歷史——未燃盡的焦木和灰燼刻劃出這些白雪覆頂的山脈上黑煙遮天、河流和湖泊都燒著熊熊烈火的黑暗時代。當時內華達山脈上流著直達海洋的岩漿，對人類而言，真是個恐怖年代。那是一片何等廣大的火海啊！又是何等濃烈的漫天灰燼與黑煙啊！

這區域的沖積物與岩漿已經被水沖刷走。當原來的海洋移走而形成這片黃金平原時，它們大部分表面充塞低淺的湖泊，平靜無變，直到大雨及山上沖下來的洪水漸漸把這單調的地方雕琢成現在變化萬千的河岸與山坡，把莫斯山脈與吐魯姆山脈之間部分創造出二十丘谷地、百合谷（Lily Hollow）、可愛的卡斯克溪（Cascade Creek）及堡壘溪（Castle Creek）溪谷，以及其他許多不知名或只有獵人及牧人知道的谷地，它們躺在平原的底部，像是沒有被發現的金礦。二十丘谷地是典型的流水侵蝕形成的谷地。這裡沒有像華盛頓圓柱或酋長岩[2]等一樣的地標。從軟熔岩切割來的低淺谷地，沒有學理上一次地震所能造成的那樣深峻，根本算不上是烘焙師傅創造優勝美地諸山脈所用的幾項便利工具之一，而我們和善的算術標準並不會被這個簡單又完整的谷地激怒。

目前這部分平原的裸露速度大約是一年十分之一吋。這個大約數字是根據觀察溪流兩岸及多年生植物計算得來的。風及雨可以不干擾植物的生長及動物的居留而移動山脈。盤旋的海燕、海中的魚兒和漂浮的植物，與海浪美麗的韻律同上下；同樣的，這塊陸地上的鳥兒及植物與土地的起伏同上下，唯一的不同處是前者的起伏快於後者。

三月與四月，谷地裡及山坡上蓋滿了似厚絨布般黃色及紫色花朵，其中黃色又占大宗。它們大多數是菊科植物，也有少數春豔花、吉利花、金英花、白色及黃色的紫羅蘭、藍色及黃色的百合、報春花，以及半浮在紫色草地上的絨毛蓼屬植物（eriogonum）。谷地裡只有一種俗稱「大根」的蔓藤植物（*Megarrhiza; Echinocystis T. & D.*）。一哩內唯一的樹叢約有四呎高，在平坦地上顯得非常獨特，我的狗對它小心保持距離，繞著它猛吠，好像它是隻大熊。有一些山坡是岩脊，上面長著豔紅及鮮黃色地衣。在潮濕角落有繁茂的苔蘚，包括珠苔（*Bartramia*）、分叉苔（*Dicranum*）、葫蘆苔（*Funaria*）及幾種灰蘚。在涼爽陰暗的小灣內，苔蘚還伴有氣囊蕨，以及葉上有金色細點的岩蕨——加州金蕨（*Gymnogramma triangularis*）。

谷內鳥不多。野雲雀以此為家，還有穴鴞、雙胸斑沙鳥及一種麻雀。偶爾會有幾隻鴨子來到水邊，還有藍色或白色鷺鷥在溪邊潛行；松雀鷹及灰鷹[3]來此獵食。谷地的所有歌聲幾乎都來自雲雀，此地的雲雀與東部的野雲雀不同種，不過很相近；豔麗的花朵與天空激發牠們創作出更美妙的歌聲，勝於大西洋雲雀。

在此地，我注意到有三首很特殊的雲雀歌曲。第一首是牠們在一次特別聚會時唱的，我立刻決心把歌詞記下，是這樣的：「Wee-ro spee-ro wee-o weer-ly wee-it」。一八六九年一月二十日，牠們唱著：「Queed-lix boodle」，很有規律地重複了好幾個小時，美妙的歌聲與天空一樣甜美。同月的二十二日，牠們唱：「Chee chool cheedildy choodildy」。這些快樂雲雀的歌聲，既能激發人類也能被人類的靈魂普遍接受。這似乎是這些山丘中唯一與我們有直接關係的鳥兒的歌。音樂是一種不論以何種形式集結的事物的表現。空氣中的露滴與霧氣被特別製造成能在雲雀的胸腔中翻滾，就像無數空氣在沙粒的空隙間低吟，注定會完美組合出世界歡樂之歌；可是我們的感官不夠精良，無法捕捉它的音調。你可以想像，谷地廣大花群搖曳擺動，由花瓣、花蕊及成堆花粉譜出無數音樂。這其中沒有一個音符是為我們而存在的；儘管如此，我們要感謝上帝，在雲雀的羽毛下藏放如此美妙的樂器。

老鷹不住在谷裡，牠們只是飛來獵食長耳兔。有一天，我在山坡邊看到一隻漂亮的老鷹飛翔。起先，我弄不清楚有什麼力量能吸引這空中國王像雲雀般飛落到草地上。我注意看牠，很快就發現牠下來的原因。牠飢餓地站著，守望著一隻站在窩邊的長耳兔，兔子也瞪視著牠有翅膀的死敵。兩者相距約十呎。如果老鷹要去捉兔子，後者會立刻消失到地底。如果長耳兔不耐長久不動，冒險溜到坡上其他洞穴，老鷹會撲過去以翼尖打死牠，然後把牠帶到某個喜愛的岩石桌上飽餐一頓，最後抹去所有血污的標誌，再飛回天上。

自從羚羊被趕跑後，野兔是谷地裡最敏捷的動物。當被狗追時，牠不會像看到老鷹飛近那樣找窩躲藏，只會一坡又一坡橫穿起伏地面溜跑，迅速而毫不費力，有如鳥影。我曾量過一隻長耳兔的高度，由地到肩有十二吋，由鼻尖到尾巴身長十八吋。牠的大耳朵有六吋半長，兩吋寬。牠的耳朵，雖然大得驚人，依舊十分優雅合適地長在牠身上──也為牠帶來了家喻戶曉的綽號「驢耳兔」。野兔遍布這平原，多陽少林的山麓也很多，但濃密的松林就不見牠們的蹤影。

土狼，或稱加州狼，偶爾被看到在谷中流竄，但為數不多，大多數已被牧羊人所設的陷阱或毒藥捕殺。這些土狼的大小約與小牧羊犬差不多，跑起來動作優雅好看，兩耳直立，有與狐狸一樣的大尾巴。因為牠嗜食羊肉，因此被牧羊人及大多數的文明人痛恨。

地松鼠是谷中最常見的動物。牠們在一些地層較軟的山坡上挖掘地穴為窩。當這些地下城市有警訊時，觀察牠們的動靜是件有趣的事。牠們的環形街道充斥尖銳刺耳的叫聲：「嘶克的，嘶克，嘶克，嘶克的！」附近的鄰居立刻謹慎地探出半個頭來，在門邊窺視，互相低聲交談。其他的則守在門前或門眉的岩石上激動呼叫，好像要大家注意騷動和敵人。就像狼一樣，這些小動物也飽受人類咒罵，原因是牠們常偷吃穀物。唉！真遺憾，大自然造出了那麼多張味覺跟我們一樣的小嘴！

谷中四季都溫暖明朗，花朵終年綻放。不過，要等十二月或一月的雨季開始，每年植物發芽和昆蟲的生活才會被催動。屆時，熱稠的空氣被清洗涼爽。像藏在農夫的儲藏箱中那樣，已在乾燥的地下躺了六個月的植物種子，此時立刻展開了它們的新生命。飛蠅低哼著細微的曲子。蝴蝶由牠們的棺木中飛出，有如子葉飛出了葉莢。散布谷地及低窪處的乾涸河道，霎時傾注了清澈的水，閃爍地由一潭流到另一潭，就像滿布塵土的木乃伊突然復活，帶著紅潤的血色談笑風生。天氣也像花朵般好了起來。它在地裡的根系在一、兩個星期內就長成一大片，上面頂著一大片一大片的葉雲；而金色的陽光終日在雲間散發光芒，像半遮在葉下的成串小野果。

在這幾個所謂雨季的月份，並非雨水不斷。在北美，甚或全世界，沒有任何地方在一月中被如此生動的陽光撫慰閃耀著。參看我一八六八年及一八六九年的筆記，我發現雨季的首場大雨在十二月十八日落下。一月，在白天總共有二十小時的雨，分六天下。二月只有三天下雨，總計十八個半小時。三月有五個雨天。四月有三天，總共七小時的雨。五月也有三天共九小時的雨。這就是一年中所謂的「雨季」，這樣的紀錄算是一般的。必須一提的是這不包括夜間的雨量。

這個區域的暴雨，與密西西比河谷壯麗、暴烈又頗有特性的暴風雨完全不同。儘管如此，在這無樹的平原上，我們也在幾個漆黑的夜晚經歷過暴雨，那就像山中最讓人肅然起敬的暴雨一樣，令人印象深刻。在穩定的天氣裡，風從西北吹向東南；天空慢慢捲起平順、和諧、無皺無摺的雲堆；然後大雨就不停落下，有時被強風吹斜。在一八六九年，超過四分之三的冬雨來自山谷東南部。一場來自西北的豪雨發生在三月二十一日；一片濃密圓滾的雲翻湧到開滿花的山坡上，雨就翻江倒海落下。這樣的急雨只持續了大約一分鐘，不過，儘管如此，這樣像天山瀑布的奇景是我生平僅見。靠近內華達山脈的平靜天邊，刷上了一層薄薄的白色雲紗，就在那裡，連續不斷的雨高高落下——一落雲上的瀑布，就像在優勝美地的瀑布一樣，落下來的既不是霧，不是雨，也不是實在的流水。同年，一月，不算雨天，陰天平均是〇．三二天；二月是〇．一三天；三月，〇．二〇天；四月，〇．一〇天；五月，〇．〇八天。大部分這樣的陰天都聚集在幾天之中，剩下的日子艷陽普照，結實的陽光射入地上的每個裂隙或小孔中。

一月底，有四種植物開花：一種白色的小水芹，長成一大片；一種有繖狀花序的低矮黃花；一種花朵閃亮的無葉絨毛蓼屬植物；以及一種小紫草科植物（boragewort）。五、六種苔蘚整理了它們的頭蓋，展現最亮麗光彩。二月，松鼠、野兔、花朵都在享受它們的春天。鮮豔的植物群在谷中到處綻放光彩。螞蟻也準備開始工作，在蟻窩口的殼莢堆上摩拳擦掌；肥胖、沾滿花粉的「粗大、半瞌睡的大黃蜂」在花間亂舞；蜘蛛忙著修補破網，或編織新網。每天都有花朵出生，像穿著新衣由教堂出來的兒童，快樂地蜂擁上地面。清朗的空氣，一天天因飛蟲的低唱而更悅耳，因植物的吐氣而更甜美。

到三月，植物種類超過了一倍。當先鋒部隊的小水芹此時開始結子，穿上了講究的繡花短莢。幾種春艷花出現了；還有一種白色的大花蔥屬開花植物（leptosiphon），以及兩種粉蝶花（nemophila）。一種小車前草已長得夠高，足以搖擺炫耀它如絲綢般柔軟的波動葉影。接近三月末或四月初，植物的生長到達頂峰，沒有人不被它的富麗堂皇驚倒。如果計數這二十丘或山谷裡溪邊每一吋土地上的花朵，你會發現，每一平方碼有一千至一萬朵花，這還是把每株菊科植物單算成一朵花。黃菊占金色花帶的絕大多數，陽光以最濃郁的光彩照射它們，因為這些閃耀的黃光就像它親生的孩子——一縷縷花之光線，一道道花之光束，令人讚嘆！人們可以想像，這些加州的日子由土地裡所得到的黃金，遠比奉獻給土地的多得多。大地確實變成了蒼天；兩個無雲的天，互相照射，萬花的光芒對著太陽的光芒，連結出一個發射萬丈光芒的天堂。到四月末，大部分谷中的植物已成熟結子後凋謝；但是，並沒有腐化，它們堅韌的總苞和花冠形穀莢仍然為大地添加色彩。

五月，只有少數根系鑽得深的百合及絨毛蓼屬植物仍然活著。六月、七月、八月及九月是植物的休歇季，接下來的十月則是一年中植物生命最旺盛的季節，也是一整年中最乾燥的時節。一種小而謙遜的類向日葵屬植物（*Hemizonia virgata*）突然全開了花，綿延數哩，像四月的金色又再復活。這種植物的高度由六吋至三呎不等，有淺色大葉子。我曾經數過，一株植物上有將近三千朵花。它的葉子及花萼都極細小，在遍地金色花海中幾乎無法看見，於是這些花就好像沒有枝莖般浮在那裡，宛如滿天星斗。花的直徑大約八分之五吋；放射狀碟形花朵，黃色；雄蕊是紫色。花瓣毛絨鮮豔，很像庭園裡的三色堇。夏季的季風使所有的花頭都轉向東南。它葉片及總苞的蠟狀分泌物，使它得到大家知道的難聽名字「柏油草」。據我們估計，它是平原上菊科家族最美麗的一份子。它的花朵一直開到十一月，緊接其後的是一種絨毛蓼屬植物，後者的花季會持續整個十二月，一直到接上一月的春花。因此，雖然一年的植物生命幾乎都擠在二月、三月和四月，但是二十丘谷地的花終年不斷。

遊客可以很容易地經由優勝美地到二十丘谷地來探訪，由史奈林（Snelling）到此只有大約六哩。對自然學家而言，這裡的四季都趣味無窮；但對大多數遊客來說，一月之前、四月之後就沒有什麼意思了。如果你想看看一月可以有多少光亮、生命和歡樂，那就到這神賜的谷地來。如果你想看植物復甦——無數鮮豔的花朵由地裡湧出，就像等待裁判的靈魂——那就二月時到二十丘谷地拜訪。如果你是為了健康理由旅行，想逃避醫生及朋友，那就在口袋裡裝滿餅乾後躲到這谷地的山坡上，在它的水中洗滌身體，用它金色的光芒曬黑皮膚，靠花朵的光芒取暖，這樣的洗禮一定會帶來全新的你。或者，社會的殘渣弄得你快窒息，你厭倦了這個世界，只要來這裡，你所有的質疑都會消失，你肉體的外殼會溶去，你的靈魂可以自由地深深呼吸到上帝無邊的美與愛。

我永遠不會忘記我在這個聖水盆裡的洗禮。它發生在一月裡，一個許多植物與我同復甦的日子。我突然發現我在一個山坡上；谷地滿溢出陽光，像一道噴泉，只有一小部分沒有陽光的角落保留給苔與蕨。谷溪閃爍炫惑有如大河。大地蒸發出香氣。說不出有多濃裕的光彩孵育著花朵。我由衷覺得，加州真是黃金之州——匯聚了金屬的金礦、太陽的金光，以及植物的金色。整個夏季的陽光似乎都濃縮到那光輝的一天。每絲陰霾都被空中洗去；山脈被白雲抹擦得乾乾淨淨——包括帕其可峰（Pacheco Peak）及戴布羅山（Mount Diablo），還有兩者之間藍色起伏的牆；雄偉的內華達山脈聳立在平原邊，被妝點上四條平行彩帶：最底層是紫玫紅，上一層是深紫，再上一層是藍色，而所有這些之上，是白色的山巔，指向天堂。

也許有人問，五十或一百哩之外的山脈與二十丘谷地有什麼關係？對熱愛原始的人來說，這些山脈並不在百哩之外。它們的精神動力以及美好的天空，使它們像近在咫尺的一圈好朋友。它們隆起，像是谷地的山坡牆。你不覺得你在戶外；你感覺到的是平原、天空及山脈光嵐的美。你沐浴在這些聖靈光芒中，不停地轉動，就像是在營火邊取暖。此刻，你失去了自我單獨存在的感覺：你已融入天地山水，變成了大自然的一部分。

【注釋】

1 這裡是謬爾先生一八六八年大半個夏天及一八六九年春天停留的中心地區。

2 華盛頓圓柱（Washington column）：優勝美地山谷著名圓頂岩峰，高度約一千八百呎。酋長岩（El Capitan）：優勝美地公園名勝，乃全世界最大的花崗岩，高達三五九三呎。

3 無疑的，這裡是指金雕（Aquila chrysaëtos）。

探險與旅行經典文庫 008 ML011

墨西哥灣千哩徒步行

A Thousand-Mile Walk to the Gulf

作者 約翰・謬爾 John Muir
譯者 王知一
封面設計 兒日
排版 張彩梅
校對 魏秋綢
策劃選書 詹宏志
總編輯 郭寶秀
編輯協力 廖佳華
行銷業務 許芷瑀

發行人 凃玉雲
出版 馬可孛羅文化
104台北市民生東路2段141號5樓
電話：886-2-25007696
發行 英屬蓋曼群島商家庭傳媒股份有限公司城邦分公司
104台北市中山區民生東路2段141號11樓
客服服務專線：（886）2-25007718；25007719
24小時傳真專線：（886）2-25001990；25001991
服務時間：週一至週五9:00～12:00；13:00～17:00
劃撥帳號：19863813 戶名：書虫股份有限公司
讀者服務信箱：service@readingclub.com.tw
香港發行所 城邦（香港）出版集團有限公司
香港灣仔駱克道193號東超商業中心1樓
電話：（852）25086231 傳真：（852）25789337
E-mail：hkcite@biznetvigator.com
馬新發行所 城邦（馬新）出版集團 Cite (M) Sdn Bhd.
41-3, Jalan Radin Anum, Bandar Baru Sri Petaling,
57000 Kuala Lumpur, Malaysia.
電話：（603）90563833 傳真：（603）90576622
讀者服務信箱：services@cite.com.my
輸出印刷 中原造像股份有限公司
二版一刷 2021年6月
定價 360元

ISBN：978-986-5509-87-3（平裝）
ISBN：978-986-5509-91-0（EPUB）
城邦讀書花園
www.cite.com.tw

國家圖書館出版品預行編目（CIP）資料

墨西哥灣千哩徒步行／約翰・謬爾（John Muir）著；王知一譯. -- 二版. -- 臺北市：馬可孛羅文化出版：英屬蓋曼群島商家庭傳媒股份有限公司城邦分公司發行, 2021.06
面； 公分 --（探險與旅行經典文庫；8）
譯自：A thousand-mile walk to the Gulf.
ISBN 978-986-5509-87-3（平裝）

1. 遊記 2. 美國 3. 古巴

752.9 110005873